社会力の時代へ

——互恵的協働社会の再現に向けて

門脇厚司

社会力の時代へ

——互恵的協働社会の再現に向けて

目次

開講に当たって――なぜ、今、「社会力の時代」なのか

それでは、今日から十回にわたって社会力について一緒に勉強していきましょう。テーマは「社会力の時代を読む」にしました。私は、二〇年ほど前から、今の時代は子どものときから「社会力」を育てることが大事になっていると言ってきましたが、二〇一一年三月一一日に東日本大震災が起こってからは、誰ともよい関係をつくって、お互い助け合うことがますます重要になってきていると思うようになりました。

そんなわけで、社会力の重要性について、もっともっと多くの人にわかってもらおうと考えて、試みにこのようなゼミナールを開いてみることにしました。社会力についてできるだけわかりやすく説明し、わかりにくいところがあったら質問してもらい、質問にも丁寧に答えることにし、社会力についての理解を深めてもらうようにしたということです。そうするためには、大学で行っている少人数でのゼミナールの形式がいいと思い、参加する人を一〇名にして募集したところ、皆さんが参加してくれました。ありがとうございました。

まず、皆さんに自己紹介していただきました。女性の方が多いですが、前歴も年齢も現在やっておられる仕事や活動も様々でよかったと思います。受講者を募集するときは、保護者と一緒なら小学生でも五年生以上ならいいですよと言ったのですが、小学生と中学生の申し込みはありませんでした。このメンバーで進めていきましょう。

重大な局面に遭遇している人類社会

始める前に、なぜこのようなテーマで話してみようと思ったかを少し説明しておくことにします。大げさに言えば、私は、今、わが国だけでなく人類社会全体が大変な局面に遭遇していると考えています。人類の歴史は一〇万年とも二〇万年とも言われますが、その長い歴史の中で「近代」と言われるこのたった二五〇年ないし三〇〇年の間に、あれよあれよという間に、それまで考えられないような事態がどんどん起こって、たった一つしかないこの地球がもたないような情況になっているのではないかと危惧しています。わが国で言えば、水俣病などの原因になった公害問題があり、排気ガスによる大気汚染など環境破壊の問題があり、最近では原子力発電所の事故による汚染問題があり、二〇二五年問題と言われる超高齢化の問題があり、富める者と貧しい者との格差拡大の問題があります。

また、世界規模で言えば、人種や宗教の違いに端を発する各地での紛争があり、石油やレアメタルなど資源枯渇問題があり、人口増に伴う食糧不足や水不足の問題があり、大量の化石燃料を燃やし続けることに伴う温暖化の進行があり、温暖化が原因とされる異常気象の多発があり、砂漠化が進む、といった具合です。

こうした事態をもたらしたのは、ひとことで言えば、産業革命によって出現した近代産業社会の特異さにあると考えていますが、その特異性あるいは異常さは、まず人口の急増となって現れました。一八世紀半ばに起きた産業革命以前は七億人台だった世界の人口は一八〇〇年ごろに一〇億人になり、一〇〇年後の一九〇〇年にはほぼ二倍の一八億人になり、その後一気に増えて二〇〇〇年には六〇億人を超え、現在は七二億人と言われます。産業革命以後わずか二五〇年ほどの間に七倍も増えたことになります。産業社会という社会がいかに特異な社会であったかはこれだけでもよくわかります。

どうしてこういうことになったかと言えば、科学技術が急速に発展したからです。要するに、科学技術によってそれまで不可能だったことを次々に実現したからと言えます。それまで不可能だったことを可能にしたというのは、例えば、飛行機をつくることで人間が空を飛ぶことができるようになったとか、蒸気を利用して汽車や汽船をつくってあっという間に遠くまで移動できるようになったとか、効き目のある薬をつくってそれまで治せなかった病気を治せるようにしたとか、電話やパソコンをつくることで遠くにいる人とコミュニケーションができるようになったとか、テレビのスイッチをひねれば地球の裏側で起こっていることをお茶の間で見ることができるようになったとか、こんな例は挙げれば無数にあるでしょう。簡単に言ってしまえば、産業社会とは、このように不可能を可能にする機械なり製品なりサービスなりをどんどんつくり、それらを商品として売ることで人々の生活の利便性や快適性を高め、その見返りとして莫大な利益を上げることを目的にして実現した社会だと言うことです。

今、学校を中心に行われている教育は近代公教育制度と言いますが、この制度はその国に生まれた全ての子どもに一斉に教育を受けさせ、そこで競争させ、産業の発展に役立つ有能な人材を見つけ出すことを主たる目的にしてつくられたものです。

想起すべきローマ・クラブの警告

こうして次々に開発された科学技術によって急速に発展してきた産業社会ですが、不可能を可能にするという不自然なことをやり過ぎたことで、さっき挙げたような様々な問題を噴出させ、このままでは人類も地球も存続が危ぶまれているところにきています。

今から四五年ほど前になりますが、一九七二年にローマ・クラブというシンクタンクが世界の将来を予測して、その結果を「成長の限界」という報告書にまとめ、世界に向けて発表しました。その報告書がどういうものかというと、このまま経済成長を続けていくと人口がさらに増え、その分消費する資源や食糧も増え、結果として地球の負担が限界に達し、あと一〇〇年もすれば人類の存続も危うくなりますよ、という人類社会に対する警鐘でした。

このローマ・クラブの予測が本当に当たったかどうかを四〇年後の二〇一二年にアメリカのスミソニアン研究所が検証してみたところ、「成長の限界の予測は正しかった」という結論になったといいます。その上で、さらに「今のまま経済成長と大量消費が続けば、二〇三〇年までに世界経済は破綻し、持続可能な軌道からはずれ人口が急激に減少する」と改めて警告を発しました。二〇三〇年と言えばもうすぐのことですよ。

その後、「成長の限界」の予測をまとめる研究者集団に加わっていたノルウェーのヨルゲン・ランダースさんが四〇年後の二〇五二年に地球がどんな状態になっているかを予測し『2052』という本をまとめています。その内容についてはゼミの終わりの頃に紹介しますが、私たちは、今、きわめて危ないところに立っているわけです。このような予測が当たらないようにするにはどうするか。私たちは真剣にそのことを考えなければならないところにきていると言えます。

私も「成長の限界」の警告は知っていましたから、社会学者としてわが国でみられる様々な変化に無関心ではいられませんでした。ですから、この問題について自分なりに考えてきました。そして出した結論が、人類の危機を救うには人々の社会力をしっかり育て、私が言うところの「互恵的協働社会」を実現するしかないということでした。なぜそう考えたかについては追い追い詳しく話すことにしますが、とりあえず、皆さんにはあの東日本大震災があった二〇一一年の暮れに、毎年行われているその年を象徴する漢字一文字を選ぶ行事で「絆」（人が人としっかりつながること）が選ばれたことや、ご近所どうしや地域の人たちが互いに助け合うことが大事なのだと改めて気づいたこととか、日本の各地からだけでなく外国からも支援物資が届いたり、それこそ多くの様々な人たちが、誰から頼まれたわけでも命令されたわけでもなく、自主的に支援や援助に駆けつけてきてくれたことを思い出してください。人間という動物、ヒトという種には本来そういうお互い助け合うという本性が備わっていることについても話すことにしますが、そんなことを考えると「互恵的協働社会」を実現することは夢物語ではないことがわかります。

そんなことで私は、今、人類はまさに「社会力」を育て、高める時代に入りかけていますし、またそうならなければならないと考えています。そんなことをできるだけわかりやすく話すことにしますので、途中、わかりにくいことや、もっと詳しいことが知りたいと思ったら、いろいろ質問してもらうなどして一緒に勉強することにしましょう。

第一講　社会力とはどのような資質能力か

それでは、まず社会力について基本的なことを理解しておきましょう。

私は一九九九年に岩波新書の一冊として『子どもの社会力』という本を出版してから、「社会力」という言葉が本のタイトルに入っている本を一〇冊出版しています。人によっては社会力シリーズと言う人もいますが、ここにいる人の中にはそのうちの一、二冊は読んでいる人もいるようですが、全員が読んでいるわけでもないようです。そんなことで、まず最初に、私が社会力とはどんな資質能力のことだと言ってきたかを共通理解しておいたほうがいいと思いますので、皆さんから質問してもらい、それに答えるかたちで進めていきましょう。

Q　簡単に説明すると社会力とはどういう能力のことですか。

社会力とは、人が人とつながり社会をつくる力

社会力とは、もっとも簡潔に説明すれば、「人が人とつながり社会をつくる力」ということになります。「人が人とつながる」とは、いつも一緒に暮らしている家族、お父さんやお母さん、おじいさんやおばあさん、兄や妹たち一人ひとりと仲良くお互い信頼し合っているということですし、また学校では先生やクラスメイトや同じ部活の先輩後輩、地域では隣近所の家の人たち、仕事をしている人では職場の上司や同僚たちなど、ふだん暮らしている生活のそれぞれの場面で、回りにいる人たちの誰とでもよい関係ができているということです。

私たちは、毎日、家族はじめいろんな人たちと、いろんな関係をもちながら生きています。多くのそうした人たちと互いにわかり合い、信頼し合いながら生活しているということです。さらに付け加えれば、「人とつながる」ということのなかには、ふだんからお互いに知り合っている人だけでなく、見知らぬ人たち、例えば地球の裏側にいる人たちにも好意をもっていて、機会があれば仲良くなりたいとか、役に立ちたいという気持ちをもっていることも含めています。

「社会をつくる力」とは、社会の中で生きている一人として積極的に社会の運営に関わる意志と能力があるということです。もっと言えば、自分一人だけよければそれでいいと

いうのではなく、他の人のために、社会のために、自分ができることがあれば、誰に言われなくても自分から進んでやったり、やってあげたりする気持ちや能力があることです。さらには、そのような意志や能力を発揮して社会の現状を維持することに力を尽くすだけでなく、他の人と協力しながらよりよい社会、よりましな社会をつくることに貢献する能力のことでもあります。

そのようにして社会を作り（維持し）、社会を創る（改良改革する）力のことを私は社会力と言ってきました。

Q　社会力が豊かになるとどんな人間になるのでしょうか。また、誰もが社会力のある人間になるとどんないいことがありますか。

社会力豊かな人間のイメージ

私はこれまでも社会力が豊かな人間とはこんな人ですよ、とその具体的なイメージを一五項目ほど挙げていろいろな機会に説明してきました。社会力の豊かな人間の具体的なイメージを言葉にして示すと次のようになります。

① 人間が大好きな人間
② どんな人ともうまくコミュニケーションできる人間
③ 他の人とよい関係がつくれる人間
④ 他の人と協力しながら物事を成し遂げることができる人間
⑤ 他の人の身になり、その人の立場に立って物事を考えられる人間
⑥ 他の人を思いやれる人間
⑦ 物事に対して常に前向きに取り組もうとする人間
⑧ 何事にも創意工夫を怠らぬ創造的な人間
⑨ 自分も社会の一員であるという自覚がある人間
⑩ 社会の運営に積極的に関わろうとする構えができている人間
⑪ 自分の能力を活かし、家庭や地域や職場で自分の役割を果たせる人間
⑫ 社会の改善や改革にも積極的に関わろうとする意欲のある人間
⑬ 広い視野から社会の動きや社会の動向を判断できる人間
⑭ 自分の行動が他の人や社会の動向にどう影響するかを考えながら行動できる人間
⑮ 人類社会の将来に常に思いを馳せながら行動できる人間

このように並べれば社会力の豊かな人がどんな人なのかわかると思いますが、もう少し説明しましょう。

まず、人間が大好きな人で、どんな人でも基本的にその人を信頼している人です。ですから、誰とでもすぐに仲良くなれますし、よい関係をつくることもできます。また、自分のことだけでなく他の人のことも考え、その人の身になって、その人の立場になって、物事を考えることもできますから、他人を思いやることも容易にできる人間でもあります。他の人のためになることや社会の役に立つことをしようという気持ちがあり、自分が住んでいる社会をもっとよくしたいという気持ちも強いので、何であれ、物事に常に前向きで、新しいことを考えたり実行したりすることにも積極的な人間でもあります。

社会力がさらに高い人間になると、頭の中で想定する人間の幅や範囲がもっと広くなり、今を生きる同時代人として、この世界で生きているすべての人々、まだ会ったこともない他の国の人たちのことまで考えて、その人たちのために何かできることがあったらやってあげようとする人間でもあります。そういう気持ちがさらに高まると、今度は今同じ時代を生きている人だけではなく、これから生まれてくる人たち、いわば未来の地球人たちのことも考え、その人たちのためにいい社会を、そしていい地球を残したいと考え、そのためにできることをやろうとするような人間ともいえます。

私が、社会力ある人間の最も高いレベルにある人と言うのは、そういう人間のことを想定しています。

Q　なぜ、今、社会力がある人間が多くなることや、社会力を育てることが大事になっているのですか。

社会力ある人間を育てることの重要性

大きく一括りにして言えば、このゼミの最初にも言いましたが、今、地球上のあちこちで解決の困難な難題が多くなっています。そういう難題をなくし、人類がこれまでのように、これからもずっと生き延びていくには社会力のある人間が増えないと駄目になると思うからです。このまま近代産業社会が進めてきた自分本位、金儲け本位の社会を続けていったら、人類社会や地球環境が破綻してしまうと恐れているからです。

もっと身近なレベルに引き寄せて言うと、社会力豊かな人間が増えれば、みんな仲良くなれて、お互い助け合い、支え合いながら生きていくことができるようになります。そうなれば、この世に生まれてきた誰もが不幸になることはなく、幸せな一生を送ることができると考えているからです。多くの人たちの社会力が高まり、お互い助けたり助けられながら仲良く暮らせるようになれば、競争し合って勝ったものだけが偉くなったり金持ちになって幸せになり、競争に負けた人は、金持ちにもなれず、不本意な生涯を送るしかないというような世の中にはならないだろうということです。

もう少し広く、国のレベルに戻して言えば、何が何でも自分の国の経済だけは成長させるのだといって、そのことを唯一の目標にして、資源の取り合いや、市場の獲得競争をやり続けたら、結局、国と国との争いがなくなることはなく、そうした戦いに巻き込まれて多くの人々が不幸になるという事態に陥ることになるからです。そういう事態になることを、最近、〝最後に負けるための競争〟と言うのだと知りました。まさに今、どの国も、こんなことを続けたら人類が滅び、地球が破壊されるとわかっていながら、それでも、「滅びるのはわが国を最後にしたい」といって競争を止めようとしないというのです。そういうまともに考えたら本当にばかばかしいことを止めるためにも、自分のことだけを考える意固地な考え方から足を洗うことがきわめて大事になっているのです。

参考のために、社会力の豊かな人間が増えると社会のためにいいことがいっぱいあるということを報告した研究があることを紹介しましょう。

アメリカの有名な大学にハーバード大学という大学がありますが、そこのパットナム教授が、アメリカの五〇州全部について、その州の社会関係資本（Social Capital）がどれだけ豊かであるかによって、その州のそれぞれの地区の福祉水準や子どもたちの教育レベル（成績）や非行や犯罪率に大きな差があることを明らかにしたのです。その結果は『孤独なボウリング』（柴内康文訳、柏書房）という本にまとめられています。パットナム教授のいう社会関係資本とは、わかりやすく言えば、それぞれの地域の住民の人的ネットワーク（住民どうしのつながりの強さ）のことですが、それぞれの地域の人的ネットワークがどれだけしっかりしているかによって福祉水準や学力水準や犯罪率に大きな差があるというのです。結論をズバリ言えば、人的ネットワークがしっかりしている地域（州）ほど、①福祉の水準が高く、②子どもたちの成績もよく、③犯罪や非行は少ない、ということです。

パットナム教授の本はそのことを多くの統計データを使って詳しく証明していますが、そうした中から一か所だけ直接引用してみましょう。こう書いています。

「社会関係資本指数において高得点を取っている州は、すなわち、住民が他の人々を信頼し、組織に参加し、ボランティアをし、投票を行い、友人と社交しているような州は子どもたちも元気な州である。そこでは赤ちゃんは健康に生まれ、ティーンエイジャーが親になったり、学校を中退したり、凶悪な犯罪を犯したり、自殺や他殺で若くしての死を迎えたりはしていない。」（三六二頁）

要するに、その地域の住民どうしの〝つながり〟がしっかりしているほど、子どもだけでなく大人たちにも住みよい地域になっているということです。住民どうしのつながりがしっかりしているということは、地域の住民一人ひとりの社会力が高いということです。住民の社会力がしっかり育っているからこそ、地域の人間関係が濃密になるのです。

社会をつくっている一人ひとりの社会力をしっかり育てることは、誰にとっても住みよい社会をつくる上で欠かせないことであるのは十分わかってもらえたのではないでしょうか。

ところが、そのアメリカでも、二〇世紀末あたりから人と人のつながりがなくなって、階層や地域間での亀裂や分断が進んでいることが大きな問題になってきています。こうした分断をどうやって食い止めて修復していくか、その鍵となるのが社会力であると私は考えています。

Q　では、社会力が育たないとどんな不都合なことがありますか。

社会力が欠けることの不都合

社会力がうまく育たず社会力に欠けた人間が多くなったり、社会力の乏しい人間が増えたりすると、個人的にも社会的にも不都合なことがいろいろ出てきます。

まず個人的なことで考えられるのは、他の人とよい人間関係がつくれないことです。よい人間関係がつくれないということは、他の人と仲良くできないということです。

他の人と仲良くなれないと、他の人とあれこれいろんなことを話したり、趣味やスポーツや旅行など一緒に楽しむことが難しくなったりします。そういうことができないと、他の人を深く理解することもできなくなりますし、自分のことを理解してもらうことも難しくなるはずです。そういうことになれば、お互い相手の人に愛着を感じたり、信頼感を高めたりすることも困難になります。児童生徒であれば、学校に行くのが嫌になったり、勉強するのもおっくうになるはずで、そうなると、つい自分の部屋から外に出ていくのもイヤになり、引きこもりがちになり、ついには、社会で誰彼と一緒に楽しく生きていくこともできなくなってしまいます。現に今わが国では、引きこもりと見られている人が増えていて、五〇万人とも、その倍の一〇〇万人もいると言われています。人口が減っている時代にそういう事態が進んでいて、一人ひとりの大事な能力を活かせないというのは、本人にとっても、社会にとっても大変な損失といえます。

また、社会力の乏しい人がこのまま増えていくことになると、他の人に無関心になり、他人のことなどどうでもいいと考えたり、他の人を疎ましく感じるようになり、ついには、お互い相手を疑ったり、警戒したり、危害を加えることを何とも思わなくなったりして、きわめて住みにくい嫌な世の中になります。

残念なことですが、このところ、貧富の大きな格差とか、宗教や人種の違いなどを理由に、世界のあちこちで爆破事件とか無差別殺人とか多くの人に平気で危害を加える出来事が多くなっています。また、先ほど話したように、アメリカをはじめ先進諸国でも国民同士の分断も進んでいます。そういう事態が一層進むことを止めるためにも、個人と個人の間の関係を良くし、他の人のことであっても自分のことのように思ったり考えたりできるような社会力のある人間をしっかり育てる必要があるのだと考えています。

Q　外国にも社会力という言葉や概念があるのでしょうか。

アメリカで使われている社会力の意味内容

以前、社会力について、英語の論文を書いたことがありますが、その論文では「社会力」を、よく使われている Sociability ではなく、Social Competence という英語を使って書きました。Sociability は日本語では「社会性」と訳されている言葉です。私の考えている社会力は社会性とは違う内容だと考えていましたから、独自に Social Competence

という言葉を自分でつくって書いたわけです。その時は、英語でそういう言葉があるとは知らなかったので、私の造語として使っていました。ところが、後になって、アメリカの事情に詳しい人からアメリカにSocial Competenceという言葉があると聞かされ、ネットで調べてみました。そうしたら、かなり詳しい内容の説明がありました。それを読むと、私の言っている社会力とほとんど重なっている内容でした。ということは、少なくともアメリカには社会力という概念があると理解していいと思います。

Social Competenceという言葉が、アメリカでどんな意味で使われているか、その内容をかいつまんで紹介するとこういうことになります。

まず定義に当たる内容ですが、かなり長いのですが、要点を日本語に訳すと、「社会力とは、社会的、情動的、認知的、行動的な側面をもつ多義的で複雑な概念である」となります。

これでは何のことやらよくわかりませんので、それらがどんな能力のことかを一つ一つ読み取っていくと、①その場その場で相手がどういう気持ちや意図をもって自分の目の前にいるかを正確に察知できる能力であるとか、②誰かと相互行為しているときに刻々と変化する状況に適切に対応できる能力だとか、③自分の感情をコントロールできる能力だとか、④過去の経験から学ぶ能力とか、⑤学んだことを活用して困難な状況を乗り切っていける能力だとか、⑥会話能力があるとか、⑦先を見通す能力があるとか、⑧自己有能感があるとか、⑨社会に前向きに対応できる行動力があるとか、⑩社会に適応するための知識があるなど、多彩な能力を含んでいることがわかります。

要するに、社会で生活していく上で出会う様々な人たちと適切に関わり交わる（相互行為していく）上で必要な能力をすべて含んでいるような内容です。

これらの能力を大きく括れば二つになるとも言います。二つのうちの一つは、(a)友好的であるとか、協力的であるとか、援助的であるという向社会的（Prosocial）な行動能力であり、あと一つは、(b)腹立ちを抑えるとか、交渉力があるとか、問題解決能力があるといった調整能力であるとされます。こう説明されると、私がイメージしている社会力の内容がほとんど網羅されているようにも思えます。

このような能力、すなわち社会力が欠けるとどうなるかといえば、他の人と友好的な関係をつくることができず、攻撃的になり、他者との相互行為を持続するのが難しくなり、知覚面でも、状況を適切に把握することができないとか、他の人の言葉や行動の意味はもちろん、相手の顔の表情や体の動きが何を意味しているかを正確に読むのが難しくなり、その分、他者との付き合いや相互行為に支障をきたすことになるとも言います。

アメリカで使われている Social Competence という言葉に含まれている能力の内容を

説明してきましたが、私がこれまで言ってきた社会力と重なる内容であることがわかります。ということは、少なくともアメリカには社会力に当たる概念や見方があるということになるのでしょう。イギリスやフランスやドイツなど他の国にも同じような意味の言葉があるかどうかは調べていませんので今のところ残念ながらわかりませんが、恐らく、調べれば、間違いなく、そのような言葉があるだろうと思います。

Q　先ほどの説明でも少し出てきた社会性と社会力は同じことなのでしょうか。それとも違う内容なのでしょうか。

社会性と社会力の大きな違い

このこともよく質問されることなので簡単に説明しておきましょう。社会性という言葉は日本だけでなく、世界中で、主に心理学者によって使われています。どんな意味かというと、社会性とは「今の社会にうまく適応している」とか、「順応している」という意味で使われています。わかりやすく言えば、他の人のことはさほど考えず、善かれ悪しかれ、今の社会でうまく生きていく術《すべ》、すなわち、その社会で巧みに生きていくために必要な知恵や心得や方法（やり方）だけはしっかり身につけているということです。そういう知恵や、やり方を身につけていれば、社会の現状はどうであれ、少なくとも、自分だけは快適に愉快に生きていくことができるでしょう。寝たふりをすればシルバーシートに座り続けることができますし、電話を使って人の好いお年寄りを騙《だま》せば大金を手に入れることができますし、援助交際すればお金を稼ぐことができますし、稼いだお金で海外旅行を楽しんだり、高級バッグを買うこともできます。あまりよい例ではありませんが、私はこういうことができるのも社会性があるからだと言っています。

それに対して社会力があるというのは、自分のことだけでなく、他の人たちや社会全体のことも考え、自分ができることを他の人や、社会をよくするためにやる気持ちがあって、実際にやるし、やれる能力があるということです。現状にどっぷり浸かったままでいるのではなく、社会のよくないところがあればよい方向にどんどん変えていこうとする志向や意欲があること、そこが社会力の大きな特色、社会性との大きな違いと言えます。

社会がどんなダメ社会であろうと、そこで自分が上手く生きていければいいというのではなく、ダメ社会であればそれをよりよい社会にしていこうとする意識や行動力があるかどうか、そこが社会性と社会力との決定的な違いといっていいでしょう。

ですから、やや先取りして言っておけば、文科省は、学校教育で「社会を生き抜く力」を育てることが大事と言っていますが、ダメ社会でも自分だけは生き抜くのだとか、他の人を蹴落とし踏みつけても自分は生き延びるのだというのではなく、教育は、ダメ社会をよりよく変えていく力である社会力を育てることを目的にしなければならないということになるでしょう。

ですから、私は、教育の目標にするのは、社会性ではなく、社会力でなければならないと、言ってきました。ダメ社会をよりましな社会にしていくことができる能力を育てることこそ、意図的な教育の目標にしなければならないのだと。

Q　文科省はまた、社会性と同じように、学校教育によって子どもの「生きる力」や「人間力」を育てなさいと言っていますが、文科省のいう「人間力」と「社会力」は同じなのでしょうか。もし違いがあるとしたらどう違うのでしょうか。

人間力と社会力の見逃せない違い

「人間力」とは、もとはといえば二〇〇二年に経済財政諮問会議で使われた言葉ですが、内閣府がそれを受けて使い始め、文科省も生きる力と抱き合わせて人間力と言い始め、学校現場に広めてきました。

しかし、何をもって人間力と言うのかというと、知的能力とか対人能力とか自己統制力とかあれこれ含め、それらを総合した力だと言っています。要するに、「人間は人間なのだから人間らしく育てなさい」と言っているようなもので、人間としての核になるものが何なのか漠然としています。人間と言っても経済面や技能面から芸術面や道徳面まで多様な側面がありますから、その人によって受け止め方がバラバラで、言葉だけが独り歩きしている感じで、何をどうすれば人間力を高めることになるのかわからないというのが学校現場の実態でしょう。

それに対し「社会力」は、人間は社会をつくり、その中でしか生きていけない生き物であること、すなわち人間は根っからの「社会的動物」であることに注目し、社会をつくる原点である「人とつながる力、社会をつくる力」をしっかり育てましょうと提案し、学校だけでなく世間一般に広く呼びかけているのです。

社会についてもう少しわかりやすく説明すれば、社会というのは様々な何らかのつながり、すなわち関係、例えば、親と子、兄と妹、夫と妻、社長と社員、店員とお客さん、市長と市民、日本人と外国人などなど、お互い何らかのつながりがあってこそ成り立ち、存続できます。そういう社会が安定的にあるからこそ、私たちは安心して生きていられるわけです。

しかし、同じところ（場所や地域）に多くの人がいたとしても、その人たちが何の関係もなく砂のようにバラバラだったら社会は成り立ちませんし、そこに社会があるとは言えません。ですから、人間にとって何より大事なのは、人と人とのよい関係をつくり、お互いがお互いを信頼し、頼りにしながら生きていける社会をつくることだということがわかるでしょう。そういう社会があってこそ、私たちは安心して毎日幸せに暮らせるのです。

そのような社会をつくるおおもとが社会力だと言っていいでしょう。

第二講　社会脳はどのようにつくられ、その仕組みはどうなっているか

前回は社会力とはどのような資質能力かについて質問に答えて説明しましたので、社会力については皆さんに基本的な理解ができたのではないかと思います。他にも、社会力はどうしたら上手く育てることができるのかとか、大人になってからでも高めることができるのかとか、まだいくつか聞きたいことがあるかもしれませんが、先に進むことにしましょう。もっと聞きたいことがあればいつでも質問してください。

ということで、今回は社会力を支えている脳の働きについて話すことにします。私は脳科学を専門に研究しているわけではありませんが、社会力を考える上で大事なことだと思っていましたから、専門外のことですが、かなり多くの本を読んで勉強してきたつもりです。そこでわかってきたのは、近年「社会脳」と言われる領域の研究がわが国でも外国でも多くの研究者によって盛んになされるようになって、その結果、これまでわからな

かったことがかなりわかってきたことです。その一端を自分なりに理解できた範囲で紹介することにしましょう。

社会力はきわめて高度な能力である

まず最初に話しておきたいのは、社会力という能力は人間のもっている数々の能力の中でも最高位にあるほどきわめて高度な能力であるということです。高度な能力であることは前回紹介したアメリカの Social Competence の例でもわかったと思いますが、ここでも一例を挙げれば、私たちは自分の目の前にいる人が話している話の内容ばかりでなく、話をしているときの顔の表情や話し方や声の抑揚、あるいは目の動きやそのときの身なりや身振りや手振りなどをシグナル（信号）として、その人が今何を考えているのか、どんな心積りでいるのか、どんな気持ちでいるのかをほぼ正確に読み取ることができます。もちろん、目の前にいる相手の頭の中や心の中が目に見えるわけではありません。しかし、私たちはほぼ正確にその人の思考（考え）や意図（心積り）や感情（気持ち）を推し量る（推測する）ことができます。それができるから、相手に対して適切な応対や応答ができるのです。

さらに付け加えれば、私たちが行っている日常的な会話には台本やシナリオがあらかじめ用意されているわけではありません。即興でということは、ブッツケ本番で会話のやり取りをしているわけです。会話と言えば、相手が発している言葉の意味もその場その場の状況に応じて決まるもので、これまたあらかじめ辞書で定義づけられているわけではありません。あまり品のよい例ではありませんが、わかりやすい例を挙げてみましょう。

例えば、診察室で五〇歳の男のお医者さんが若い二〇歳の女性の患者さんに向かって、「裸になりなさい」と言ったときの意味と、大学の研究室で五〇歳の男性教授が二〇歳の女子学生に向かって、「裸になりなさい」と言ったときの意味はまったく違うはずです。お医者さんが患者に「裸になりなさい」と言ったのは、医者としての仕事を果たすための責務として発した言葉ですが、大学教授が女子学生に発した言葉は教授としての業務から逸脱した行為で、意味がまったく違うことがわかるでしょう。

このように、私たちは、ふだん何気なく交わしている行い（これを社会学では「相互行為」と言っています）でも、その過程で発している言葉でも、事も無げにやり取りしていますが、それができるのは、「社会脳」が正常に働いているからのことです。相手の気持ちや意図を正確に推測し、相手の発する言葉の意味を状況に応じて正確に解釈し、相手に対して適切な行為や言葉を返すことができるというのは、考えてみれば相当高度な能力が備わっているからのことなのです。私たちはそのことを、ふだんほとんど意識することはありませんが、それができるのは、社会力という高度な能力が十分備わっているからのことなのです。社会脳という脳機能がしっかり作動しているからなのです。ですから、まず、そのことをしっかり理解してほしいと思います。自閉症で悩んでいる人たちが日常的に人と快く接したり、相互行為がうまくできないのは、社会脳に多少問題を抱えているからだということも付け加えておきましょう。

ヒトの特性と脳の仕組みと働き

ヒト種（人間のことを「ヒト」とカタカナで表記するのは学術用語で、イヌでもサルでもないヒト種の動物であることを意味しています）の基本的な特徴として挙げられるのは、二本足で歩く直立歩行や、火と言葉の使用などがありますが、それに加え大きな脳をもっていることも大きな特徴です。脳の大きさといっても、単純に身体の大きい動物ほど大きい脳をもっているわけではありません。脳の大きさは、体重に対する脳の比重がどのくらいかで測定しますが、ヒトの脳はゾウやキリンなど他の動物よりかなり大きいことが知られています。特に脳の新皮質と呼ばれる部分（部位）だけで比べると、その差はさらに大きくなります。また、脳は、それを作動させるのにかなりのエネルギーを必要とする部位であることも知られています。ヒトでいうと、脳は体重の二％ほどの容量しかないのに、エネルギーの基礎代謝量では、二〇％も消費すると言われます。特に成長期にある子どもでは、四〇％から八五％ものエネルギーが消費されると言われます。ヒトの脳は、思春期の一五、六歳頃までに成人と同じ大きさになりますが、それまでは、身体の成長を後回しにしてまで脳の成長にエネルギーを使っているということで、これまたヒトの大きな特徴と言えます。

予備知識として、ヒトの脳についてもう少し付け加えておきましょう。ヒトの脳は約一千億個の神経細胞（ニューロン）からできていて、その数は生まれたばかりの赤ちゃん（新生児）が最も多いのです。またこのニューロンは無数の、と言っていいほどの神経線維によってつながっているのですが、神経線維のほうは成長につれて、ということは脳を使う回数（実体験）が多くなるほど増えるということです。逆に、使われない神経細胞は消去されていきます。

ですから、脳の働き（機能）の善し悪しは、神経細胞の数で決まるのではなく、どれだけ多くの神経線維が脳に張り巡らされ、脳のそれぞれの部位をつないで情報交換をしているかで決まるということになります。私はそのことを〝脳の（部位の）使い回し〟と言っていますが、脳の使い回しをよくするかどうか、すなわち脳の機能がどれだけよくなるかは、生まれた直後から、どのような人間環境の中で（どれほど多くの人間との交わりの中で）、どれほど多くの実体験を重ねるか（脳を作動させるか）が重要になるのだと言ってきました。

ヒトの脳が大きくなった理由と進化の過程

ヒトの特性と脳の仕組みと働きについて話しましたが、では、なぜヒトは進化の過程で大きい脳をもつことになったのでしょうか。考えてみれば、ヒトが大きな脳をもっていることは、食べ物を確保するにも、大変な環境の中で生き延びるためにも、大きな負担になるはずなのに、それでもヒトは、なぜエネルギー消費の大きな脳をもつことになったのか、なぜ負担の大きい脳を必要としたのか。そのわけをヒト種の進化の過程を辿ることで考えていきましょう。

ヒトの進化の過程については様々な見方や説があるようですが、私が理解している範囲で言えば、まず二〇万年前から一〇万年前にかけて現生人類のルーツとされるネアンデルタール人がアフリカに出現し、この間、進化を遂げ現生人類に近くなります。一〇万年前に現生人類の祖先とされるホモ・サピエンスが同じくアフリカに出現し、ネアンデルタール人と、しばらくの間共存していたと言われますが、ネアンデルタール人のほうは、ある理由によって、三万年前に絶滅。ホモ・サピエンスのほうは六万年前からアフリカを離れて各地に進出し、五万年前には世界中に広がったとされます。日本に到着したのは三万八〇〇〇年前と推定されています。四万年前から一万年前には、現在のヨーロッパ人の祖先とされるホモ・サピエンス種のクロマニヨン人が現れ、言葉など多くの文化を創り出しながら現在に至るというのが大きな進化の流れのようです。

三万年前に絶滅したとされるネアンデルタール人は、ホモ・サピエンスとの交配はなかったようですが、現生人類であるヒト、すなわち現在の私たちより一〇〇cc も大きい平均一五二〇cc もの大きい脳をもっていたことが発掘調査で発見された遺骨の調査などでわかっています。では、なぜネアンデルタール人はこんなに大きな脳をもっていたのか。また、こんなに大きな脳をもっていたのになぜ絶滅してしまったのか。その理由付けや解釈にも様々な見方があるようですが、大きな脳を必要としたのは、高度の狩猟技術を活かした肉食中心の食生活をしながら、不自由な仲間を助けるなど、仲間を気遣い、食物を分け合い、火を用いて調理するなど、多くの仲間と協力し、共同で生活するために高度な社会性を必要としていたことにあったのではないかということです。

それなのに、なぜ絶滅してしまったのか。その理由として挙げられているのは、ネアンデルタール人には言葉を使ってのコミュニケーション能力が不足していたというごくわずかの能力差であったという説です。では、なぜコミュニケーション能力の不足が絶滅までに至らしめたのか。この点も社会脳を理解するには大事なことなのでもう少し説明しましょう。

ここからは現在京都大学の総長をしておられる霊長類学者・山極寿一さんの受け売りで(『ヒトはどのようにしてつくられたか』岩波書店)紹介しておきましょう。

この本の中で山極先生は『心の先史時代』を著した考古学者スティーヴン・ミズンの説を紹介されています。どんな説かというと、ヒトの脳の中には自然や食物についての知識である①博物的知能と、道具やシンボル(記号や言葉)を用いる能力である②技術的知能と、仲間の行動や心の動きを解釈し理解する③社会的知能に対応する三つのモジュールがあって、状況に応じて、これらが瞬時に作動し、適切に行動したり、問題を解決したりしていたということです。脳は、基本的には、情報処理装置ともいえる臓器ですから、それぞれ独自の働きをする多くの部位をいかに連結させ迅速に作動させるか(使い回すか)が勝負になるわけです。ネアンデルタール人には、このモジュールを適切に、かつ迅速に作動させるための言葉がなかったことが仲間との意思疎通や情報交換に不備をきたすことになり、その少しばかりの能力差が厳しい環境を生き抜く上で欠陥になり、文字通り、命取りになり絶滅に至ったということです。裏を返せば、血縁者であれ、仲間であれ、社会や集団をつくり、食糧の確保や性交渉などに伴うトラブルを回避し、協働を持続するための意思疎通をしっかり行うためには、コミュニケーション能力は決定的に重要だということでもあります。そのためには、言葉の常習化、文化の学習、社会組織の拡張、社会性の洗練（高度化）、社会脳の性能アップという、生存を支える循環がヒトの進化を支えてきたと言うこともできますね。

社会脳は社会生活をよりよく営むために機能する

では、ヒトの進化の過程で発達し、機能を高めてきた社会脳なるものは具体的にどんな働き（機能）をしているのでしょうか。その概略を理解することにしましょう。近年、若い脳科学者が少なからず出てきてすばらしい研究を世に出して国際的に活躍していますが、ここでは、ロンドン大学のバークベックカレッジのリサーチフェローとして研究している千住淳氏の著書『社会脳の発達』（東京大学出版会）と『社会脳とは何か』（新潮新書）をもとにして話してみることにします。

社会脳は何のためにその機能を高めてきたのか。その答えをずばり言えば、複雑な社会環境の中で日々の暮らしをスムーズに送るためです。ヒトが暮らす「社会環境」とは具体的には「様々な人間がいる」ということです。要するに、ヒトは自分を取り囲んでいる多様な人たちと上手く交わり（相互行為を繰り返し）、妥協したり調整したり、協力したり、助けたり助けられたり、あるいはともに楽しんだり、悲しんだり、泣いたり、怒ったりしながら人生を全うするために社会脳を必要とし、その性能を高めてきたのだということです。人間一人ひとりがふだんの暮らしの中で関わっている人は、誰一人として、同じではありません。顔も性格も能力も違いますし、同じ人でも状況によっては対応の仕方を変えなければなりません。相互行為の中で交わす言葉の意味も、使う人によって、また使われる場面によって大きく異なります。ふだん使う簡単な言葉、例えば「じゆう」とか「わらう」という言葉でも、誰がどういう場面で使うかによって大きく異なります。ですから、その場その場で、どういう立場やどういう地位にある人が、どういう振る舞い（行動）をし、どんな言葉を、どういう表情で、どういう言い方をするかを的確に理解し、適切に言葉を返し、応答するというのは、そのための台本が予めあるわけではありませんから、その瞬間、瞬間、瞬時に判断し、言葉を選び、返すということになるわけです。こういうことができるということは、厳密に考えてみれば、きわめて高度な脳を必要とすることがよくわかるはずです。ですから、そのためにヒトは、たとえ多大なエネルギーを費やすことになったとしても、大きな脳をもち、社会脳の機能を高めてきたのだと言えます。

ヒトの社会行動の特徴

このあたりのことを千住さんは、先に紹介した『社会脳の発達』という本でわかりやすく説明していますので少し長くなりますが紹介しましょう。

「私の問いは『進化の過程でヒトという生物は、いかにしてこのような複雑な社会構造をつくり出したのだろう』というものです。社会行動自体は生物界にも広く見られます。しかし、ヒトの社会はその大きさも、複雑さも群を抜いています。さらに、文化を生み出し、知識を伝え、家族を超えた大きなグループ間で分業や経済活動を行い、さらには政治や宗教などの社会制度までつくり出すといったように、ヒト社会はそれ以外の生物の社会とは質的に異なっているように見えます。また、ヒトがアフリカを越えて、熱帯のジャングルから北極圏、砂漠や海にまで活動圏を広げることができたのも、社会を築き、文化を生み出す能力によるものだと言えます。このようにヒトの社会行動は、生物学としても、とても不思議で、重要な問題であると考えています。

また、ヒトという生物にとって最も重要な環境が『社会』である以上、ヒトの抱える問題もその多くが社会的なものです。他の人とうまくやっていくにはどうすればよいか、会社や学校などの社会組織をどのように維持すればよいか、また、家庭内暴力やいじめ、さらには差別や戦争など、ヒト社会が生み出す問題に対して、どのように取り組んでいけばよいのか、といった『社会的』な問題について考える際にも、生物としてのヒトの脳が、どのようにして社会という環境に向き合っているのかを理解することは役に立つはずである、と私は考えます。この問いを追うために、私は、発達認知神経科学という手法を主に用いています。」（三一〜三二頁）

このような複雑な問題の解明にこそ、社会脳研究が必要であり解明が期待されているということでしょう。私も、先に、自分の本（『社会力を育てる』岩波新書）で紹介したことがありますが、二〇〇四年にイギリスで出版された本（『社会的相互行為の神経科学』）では、「二一世紀において科学が究明しなければならない主要なテーマが社会的相互行為を巧みに行うためのメカニズムである」としていました。

このような研究を社会脳研究と総称するとすれば、その必要性と重要性を提唱したのが一九九〇年に論文を発表したレスリー・ブラザーズという女性生理学者です。ブラザーズさんは、「社会脳」と題したその論文で、霊長類はきわめて高度で複雑な社会行動を行うが、このような高度な社会行動を行えるのは、他の個体（他者）の意図や意向を推測できる能力があるからで、社会的認知という能力を発揮できるのはそれを支える脳の領域があるからだと予見し、脳科学者たちにそのことを確認する研究をするよう提案したと言います。

それに応えてか、イギリスの進化心理学者ロビン・ダンバー氏は、霊長類の脳を解剖して比較して、共同して生活する集団のサイズが大きいほど脳が大きいことを突き止めたことで知られています。そのことは「社会脳仮説」として、今では広く認知されています。そのダンバーさんは、最近新しい本を出し（『人類進化の謎を解き明かす』インターシフト）、その中で集団の絆を維持し、社会が存続し続けるためには、人と人との「社交」（お付き合い、共に笑い、歌い、踊る、語ること）が重要であるとも書いています。こうした行いや振る舞いを支えているのも社会脳であることを示唆してのことでしょう。

社会脳はヒトの道徳性のおおもとである

社会脳の機能を考える上でもう一つ大事なことがあります。それは人間の道徳的な感情や道徳的な行為の根底になっているのも社会脳である可能性が高いということです。

このことについては、一八五九年に『種の起源』を出版し、進化論を最初に提唱したダーウィンが『人間の由来』（一八七一年）でその可能性を早々と言葉にしていたと言います。

そのことを以前紹介した『ヒトはどのようにしてつくられたか』で山極寿一先生はこう紹介しています。人間の社会性や社会力を考える上でも重要なことと思うので、該当する箇所を読み上げてみます。

「ダーウィンは、人間にも動物にも社会的本能があると考えた。これは、仲間と一緒の社会にいることに喜びを感じさせ、仲間に対して共感を抱かせ、彼らに対して様々な奉仕をさせるように導く。互いに一緒に暮らすことが有利であるような動物では、最も共感的な個体を最も多く有する集団が最も栄え、より多くの子どもを後に残したに違いない。ダーウィンは、仲間に対する共感が自然淘汰によって強められたに違いないと考えたのだ。また、この本能は人間のように知的能力が発達すれば、必然的に道徳観念や良心を獲得するようになると予測した。良心とは、過去を振り返り、過去の行為を裁くことによって、後悔や呵責の念を引き起こす。こうした行為の積み重ねが道徳的感情を生み出し、社会的本能の動きの一つとして人間に備わるようになったというのである。」（二頁）

このように考えたダーウィンは、その上で「人間がなぜ仲間を助けるために自分の命を犠牲にするような性質を進化させたのか」と悩んだ末、仲間からの称賛と非難が大きな影響力をもったと考え、「仲間から称賛を受けるという栄光を得るために自分の命を賭けることは、他者にも同じような栄光に対する渇望をかきたて、（自分の）子孫を多く残すよりも大きな影響力を部族（全体）に与えた」から進化したのだと考え、自分で納得したといいます。

ダーウィンが自分で納得した人間の心のメカニズムが妥当であるかどうかはともかく、

かなり早い時点で、人間の本能として「利他性」を想定していたということは記憶しておくに値することでしょう。

社会脳の脳内メカニズム

では、社会脳という機能（働き）を支え、作動させているのは脳のどのような部位なのでしょうか。千住氏が自身の研究や他の研究者が突き止めたところによって明らかになったとしているところを見ておくことにしましょう。

先に紹介したように、社会脳の存在を最初に予見したのはブラザーズさんでしたが、その論文でブラザーズさんが言及したのは、ヒトが複雑な社会行動ができるのは他者の行動から意図や意向を推測できる社会的認知という能力（後に「心の理論」と言われることになります）があるからだとし、この社会的認知を処理する機能に特化した脳の領域があるはずだということでした。このような予見がなされた当時の脳科学研究は、現在使われている研究手法がまだなされていなかったようで、その後新しく開発された研究手法によって、社会脳に関与している脳部位が次々に明らかにされたということです。そうした脳部位とは、顔の違いに関わる情報を処理する紡錘状回、視線や表情を処理する側頭葉上測頭溝、他者の意図や感情を推測するときに作動する前頭葉内側部や前頭葉眼窩部などであり、その他にも感情を処理する扁桃体、記憶に関わる海馬、それに帯状回、側頭局、側頭頭頂接合部といった部位も関係していることがわかっています。

これらの部位が、脳の内部でそれぞれ独立の機能を果たしつつ、緊密に連携し、情報を交換し、状況や相手に対する情報を組み立て、判断し、環境に適応した行動を選択したり、多様な他者に対して適切な応答を返す、という相互行為を繰り返しているということでしょう。

いずれにせよ、私たちが日常的に繰り返している社会行動なる行為は、緻密にかつ高度に組み立てられた社会脳によって支えられているということです。私たちは俗に「あの人は頭の回転が速い」とか「頭が切れる」とか言いますが、脳の働きに即して言えば、脳のそれぞれの部位を即座につなぎ、情報を集約し、適切な判断を下しているということになるのでしょう。私なりの言い方をすれば、脳の使い回しが速いとか鋭いということになります。

Q　社会力とか社会脳についてはよく理解できるようになりました。では、高度な社会脳に支えられて社会力が高くなると頭もよくなり成績もよくなるの

でしょうか。

高い社会力は学力を高める

結論を先に言えば、そうなると言っていいでしょう。社会力があるということは相当に高度な能力を備えることだと説明してきましたから、理屈から言えばそうならないと可笑しなことになりますよね。そんなこともあって、私は東京都や茨城県の東海村や美浦《みほ》村で中学生や小学生を対象に社会力と学校の成績が関係しているかどうか調査してきました。その結果から言えることは、社会力のある子ども（小学生と中学生）は学習意欲も高く、授業の理解度も高く、結果として学校での成績もよいということです。私は独自に「社会力診断テスト」というものをつくって子どもたちの社会力を測定してきました。その結果から、子どもたちを社会力の高い子、低い子、中間の子に分類し、学習意欲や授業の理解度や成績（自己評価）はもちろんですが、他にも地域行事への参加度や、地域への貢献度などと関係しているかどうかを調べてきました。

その結果はいくつかの報告書や論文で紹介していますが、どこで行った調査でもほとんど同じ結果で、社会力が高いと判定された子どもほど学習意欲もあり、理解度も高く、成績もよいほうだと答えていますし、さらには地域の大人たちとの付き合いも多く、地域のためになることをしたいという意識も高いという結果が出ています。

同じように、大阪大学の研究グループが全国学力テストの結果を活用して行った調査（志水宏吉他『学力政策の比較社会学』明石書店）でも、地域の人のつながりが強い地域（県）ほど成績もよいと結論づけています。また、第一講で紹介したように、ハーバード大学のパットナム教授の研究結果でも、地域の住民どうしの人間関係が濃密であるほど、ということは、地域の大人と子どもの社会力が高いほど子どもの成績がよいということでした。このような結果を総合して結論を言えば、社会力が高くなれば、それだけ、様々なことに対する関心や好奇心が高くなり、その分、勉強したいという意欲も高くなり、結果として、成績もよくなるということになります。

Q　社会力を高めるにはどうしたらいいのでしょうか。私たちくらいの高齢になっても社会力を高めることはできるのでしょうか。

いくつになっても社会力は育つ

四〇年ほど前から世界各国の認知心理学者たちが新生児の研究をしてきています。新生児とは生まれてから一か月以内の赤ちゃんのことです。どんなことを研究してきたかというと、ヒトの子は生まれてからすぐにどんなことができるのかを様々な実験を工夫して調べて確かめることです。それまでは、人間の子どもほど何もできない無能な状態で生まれてくる動物はいない、と言われていました。例えば、馬や牛などは生まれて数時間後には自分の足で立って歩き始めますが、人間の赤ちゃんは一年もの長い間、自分で立って歩くことができないばかりではなく、食べる（摂食）にしろ、ウンコをする（排泄）にしろ、ほとんどすべてのことが一人ではできませんね。ですから、人間の赤ちゃんはまったく無能な状態で、あるいは白紙の状態で生まれてくると考えられていました。ところが、新生児の研究（例えば、ジャック・メレール他『赤ちゃんは知っている』藤原書店、など）によって次々に新しい事実が確認されることになり、今ではこれまでの考え方が一八〇度転換してしまいました。どういうことかと言えば、ヒトの赤ちゃんは生まれながらにしてきわめて高度な能力をもっている有能な（コンピタントな）動物であることが明らかになったということです。

では、ヒトの子の赤ちゃんはどんな能力を備えているのか。いくつか例を挙げると、①生まれた直後から大人の顔を見分けることができる（大人識別）、②耳に入ってくる音の中からヒトのコトバとして発せられる音を正確に聞き分けることができる（音声識別）、③他者の眼を見て自分に向けられた視線であるかどうかを察知できる（視線識別）、④他者と目を合わせ（アイコンタクトする）その人の視線が何に向けられているかを確認できる（視線追従）、⑤未知のものを見たり新しいことをするときに母親の顔をみて安全性を確かめる（社会的参照）、⑥自分の興味あるものを指さすことで他者の関心を引く（共同注意）などなどです。

このようなことができるのは、生まれた直後から生後ほぼ九か月あたりまでですが、ヒトの子がそうした能力を備えているのは「ヒトの子は人間として成長するために大人を見分けて近寄り、出会った大人と応答することが不可欠であり、そのために必要な諸々の能力を予め備えて生まれてくる」と理解するしかないということです。

こういう新しい事実を踏まえて言えば、社会力を培い高めていくためにはもちろんのこと、社会力をベースにまっとうな人間として育つためにも、子どもたちは父親母親・祖父母をはじめとして回りにいる大人たちとの相互行為（応答の繰り返し）を多くすることが決定的に重要になるということです。大人の側からすれば、子どもの社会力を育てるには、ヒトの子が生まれながらに備えている大人との応答能力をフルに稼働させるよう努めることに尽きると言っていいでしょう。私はそのことを「子どもの本当の友だちは大人である」と言ってきました。子どもが小さいときは、特に徹底して子どもの相手をしてあげることです。テレビに子どものお守りをさせるなどということはとんでもないと言うしかありません。先日、上野駅で見かけたのですが、赤ちゃんを抱っこして歩きながら、スマホをみている母親がいました。赤ちゃんと目と目を合わせること（アイコンタクト）が子どもの社会力を育てる上でものすごく大事なことなのに、こうなると、もう何をか言わんやです。

赤ちゃんは生まれながらに〝応答する機械〟である

現在、アメリカのカリフォルニア工科大学の教授として活躍している下條信輔さんという心理学者がいますが、『まなざしの誕生―赤ちゃん学革命』（新曜社）というとても面白い本を出しています。この本の中で下條さんが何度も繰り返し強調していることは、ヒトの子は徹頭徹尾「応答するマシン」として生まれてくるということです。大人との応答を繰り返すことで多様な環境、とりわけ複雑な社会環境に適応する能力、すなわち応答能力、言い換えれば社会力を身につけていくのだということです。

下條氏は社会力のある「応答マシン」と対比させ、「頭はいいが社会力に乏しいマシン」を想定し、そのような人間が社会に溢《あふ》れたらどうなるか説明しています。下條さんの結論はと言えば、「答えははっきりしている。コミュニケーションどころか、社会そのものがはじめから成り立たない。（中略）学ぶはたらきも発達も意味をなさなくなって、想像を絶する奇妙な廃墟が現出するだろう」(二三八頁)となります。そして、「赤ちゃんは頭の良い機械の意味で賢いのではなく、応答する機械の意味で賢いのだ。つまり、あらかじめもっている固定した能力のせいではなく、未来に向かって限りなく開かれた『反応する力』『応答する力』ゆえに賢いのだ」(二四一頁)とも言い、「赤ちゃんが〝生まれつき〟応答する機械であることを示すはっきりした証拠もある」(二四二頁)として、生まれて間もない赤ちゃんとお母さんとの交流をビデオで記録し音声と動きを分析すると、お母さんが赤ちゃんに働きかけ、次に赤ちゃんがお母さんに働き返すという交互に応答し合う〝一貫した傾向〟があることを挙げています。要するに、下條さんが様々な証拠を挙げて繰り返し強調しているのは、両親はじめ大人との応答、すなわち相互行為の重要性です。そのことが社会力のおおもと、すなわち他者への関心と愛着と信頼感を育てるということです。そうすれば、四歳頃までには社会的相互行為にとって最も重要な「心の理論」、すなわち他者の意図や感情を正確に推測できる能力も形成されますし、その後、成長につれて増えていく他者との出会いや交流の機会を活かして交流を続けていけば、その回数が多くなるほど社会力が強化されていくと考えていいでしょう。

では、皆さんのようにかなり年齢を重ねてきた人でも社会力は高まるのかということですが、大丈夫、可能性は十分ありです。その場合、大事なことは、自分の社会力を高めようという自覚や意欲があるかどうかでしょう。自分の社会力を高めることは自分にとって大事なことだけでなく、地域のためにも、社会全体のためにも重要なことだという自覚をもつことです。

そのように考え、自覚して、自分を励ましながらでも他者との交流や協働の場に出向き、そこで何かを一緒にやったり、やれることを誰かのためにやってあげるなどしてよい関係をつくり、お互いの理解を深めるように心がければ、自ずと社会力が高まっていくと思います。お互い、そのようにしてがんばって生きていきましょう。

Q　社会力や社会脳についてだいぶよくわかるようになりましたが、例えば、社会脳で言えば、社会力のある人の脳の働かせ方と社会力の乏しい人の脳の使い方がどう違うのか、自分自身の目で確かめるようなことはできないものでしょうか。

社会脳の働きぶりの可視化は可能

まさにそのことですが、実は私が以前からやってみたいと思っていた実験的な研究があります。もう一〇年以上も前のことになりますが、まだ大学で教えていて、最初の岩波新書の『子どもの社会力』を出した頃、経済産業省の管轄下にある産業技術総合研究所がつくば市にあるのですが、その中の「脳科学と教育」というテーマで研究しているチームのリーダーが私の研究室に訪ねてきて、共同研究者になってほしいという申し出がありました。聞けば、社会力を司っている脳の部位を特定する研究をしたいので協力してほしいということでした。私もできればそんな研究をしたいと思っていましたので、大学の了承を得て引き受けました。

少し専門的になりますが、近年は脳研究のために使える機器がいろいろ開発されています。その中で一番役に立つ機器がファンクショナルＭＲＩというもので、かなり高価なのでわが国には当時数台しかありませんでしたが、産業技術総合研究所はすでにその機器を持っていて、研究に使っていました。このファンクショナルＭＲＩは、私たちが何かをしているとき脳のどの部位が動いているかを写真に撮ることができる装置です。写真に撮ることができるのは、脳が作動していると、作動している部位に血液が集中して赤くなるからです。例えば、本を読んでいるときは脳の言語野が、あれこれ考えごとをしているときは前頭前野が赤くなるので、そこの部位が写真で赤く撮れるというようにです。

そこで私はその機器を使って、社会力の高い人と社会力が乏しい人に同じ課題を与えて、つまり同じことをやってもらって、脳のどの部位をどれだけ多く、またどのように使い回すかを調べて、そのプロセスの一部始終を写真に撮影してみようと考えたわけです。そうすれば、社会力のある人とない人の脳の使い方がどう違うかがすぐにわかるわけです。被験者にやってもらうこと、すなわち実験の課題として私が考えたことの一つは、一枚の名刺を見せて、その名刺の持ち主がどんな人間かをできるだけ具体的にイメージしてもらうことです。

しかし、残念なことですが、それを実際にやるには実験に要する研究費が二千万円ほどかかるのですが、その資金を調達できず今日までできないでいます。このような実験はそう難しいことではありませんから、誰かがやってくれて公表してくれたら、社会力の重要性についての認識がグンと高まるだろうと思います。誰もやらなければ、研究費を調達して自分でやってもいいと考えています。

第三講　社会脳の発達不全はなぜ進んだか

進んだ「他者の喪失」と「現実の喪失」

私は、一九七〇年代の中頃から東京都の委託調査を引き受け、予備調査を含めて足掛け三〇年近くやりました。その調査とは「東京都青少年基本調査」というもので、一五歳から二九歳までの青少年を対象に三年に一回の間隔で行うもので第八回までやりました。調査結果は毎回報告書にまとめて発行してきましたが、そんな縁で、私は幸いにも二〇世紀後半の約三〇年にわたる都市部の青少年に見られる変化を定点観測することになったわけです。どんな変化が見られたか、その一端は報告書の他に『現代青年の意識と行動』（ＮＨＫブックス）や『子供と若者の「異界」』（東洋館出版社）にも書いてきましたが、端的に言えば、「他者の喪失」と「現実の喪失」が進んだということになります。

どういうことかと言えば、他者の喪失とは「自分以外の他者への関心が薄くなり、そのため他者と深く関わることが無くなり、結果として、他者を自分の心の内側に取り込むことができなくなっている」ということです。わかりやすく言えば、他の人のことでありながら、その人のことがあたかも自分のことのように思えるような状態で、頭の中で思い浮かべることができなくなっているということです。逆に言えば、関心のあることは自分に直接関わることだけになりますから、自己中心的な人間になるということです。

また「現実の喪失」とは、自分が飲んだり食べたりして毎日生きている〝今ここにある〟現実の世界が、どのような内実と意味をもっているかがよく理解できなくなっているということです。社会学の専門用語ではこのことを「状況の定義づけ」と言いますが、これが人によってバラバラになると、現実の世界についての共通理解が成り立たなくなり、そうなると、その場で使われている言葉の意味もマチマチになってコミュニケーションが成り立たなくなるという厄介なことになります。

例えば、学校といえば、一般的には「しっかり勉強する教育の場」と定義づけられていますが、そのことを先生と生徒が同じように理解していれば問題ないのですが、生徒のほうが学校とは「友だちと遊ぶところ」だとか、「イヤな先公がいるところ」だとか、「監獄のようなところ」などと自分なりに勝手に定義づけをしていると、先生が生徒に向かって発する言葉の意味を正しく読み取ることができずに、単なる雑音にしか聞こえなくなるというようなことが起こるということです。意味不明の雑音が度重なれば、生徒のほうはたまりかね「ウルセー」ということになり、トラブルが起こることにもなります。学校に限らず、これと似たようなことが現実の世界のあちこちで起こっているのが現状でしょう。

そういう意味で、現実を喪失している若い人たちにはゲームの世界やテレビで見ている人工空間や仮想現実（Virtual Reality）のほうに現実味を感じるという感覚の変化が進んでいるのではないかと思います。そうなると、ますます人と人のつながりがなくなっていくことになりますから、社会が成り立つ基盤がガタガタになることにもなるわけです。

このような意味で、他者と現実の喪失という事態が進むとどういうことになるか。他者との相互行為（行為や言葉のやりとり）がちぐはぐになったり、その場その場に相応した適切な行動ができなくなります。そうなると社会力を高める可能性が一層低くなり、社会生活がぎくしゃくすることになり、大人にとっても、若者たちにとっても、社会そのものが居心地の悪いところになってしまい、人と人とのつながりがいよいよ希薄になるという事態が高じることになります。

加速する社会力の衰弱

こうして、二一世紀に入るころから、世の中全般に人間関係が希薄になっているとか、他の人に無関心な人が増えたとか、他の人のことを理解しようとしなくなっているとか、他人と関わること自体を避けるようになっているとか言われることが多くなりました。そうしたことがさらに高じると、他の人と関わることが苦痛に思う人や、他の人をまったく信用しなくなる人も出てきます。挙句の果てに、今や学校や家で先生や親たちが、子どもたちに「知らない人と話をしてはいけません」とか、「人を信用してはいけません」と教えることが当たり前になってきています。そんなことで、同じ町内に住んでいながら、近くに住んでいた高齢者がかなり前に亡くなっているのに誰も気づかなかったということにもなってきています。そんな社会の変化をマスコミなどでは「無縁社会」と呼んでいるのは皆さんも聞いたことがあるでしょう。

こうした現状を裏付けるように、読売新聞が二〇〇六年に行った調査は、「日本人の人間関係が希薄になっている」と見ている人が八割（七九・五％）もいると報じています。そして、人間関係が希薄になった結果、「自己中心的な人間が増えている」とか、「社会のモラルが低下している」とか、「困っている人に手を貸す人が少なくなっている」と感じている人も五割以上いるとも報告しています。

わが国の成人たちの社会力が著しく低下しているということで、こうした事態はその後スマホなどの普及でさらに進んでいるはずです。この国の将来を考えたとき、由々しきレベルに達していると言っていいでしょう。

忘れ去られた「他人《ひと》」の存在

私はこのような変化が起こっているのは「日本人にとって大変な変化ですよ」と、もう三〇年以上も前から言い続けてきました。日本人の変化については「ノコギリやノミやハサミなどをうまく使えなくなった」とか、「雑巾を絞れなくなった」とか言われることもありますが、そういう変化よりはるかに大変な変化が「他者の喪失」です。そう言っても、どんなに大変な変化かよく理解できない人が多いようですので、日本人にとって「他人」の存在がどれだけ重要であったかを示す例を挙げてみましょう。

日本人は他者、他の人のこと、すなわち「他人」のことをわざわざ「たにん」とは言わずにただ「ひと」と言い習わしてきました。裏返せば、日本人は「ひと」と言えば、人間一般とか人類のことをイメージしたのではなく、自分の身の回りにいる具体的な「他の人」のことを想定したり、イメージしてきたということです。日本人にとって「ひと」とは何を差し置いてもまず身近にいる「他人」のことだったということです。

そのことを端的に示す事例はたくさんあります。『広辞苑』のような大きな辞書で「ひと」の項目を引いてみると、ふだんの生活の場で日常的に使っていた格言や箴言や教えや諺のたぐいがごっそり例示されています。自分でも手元にある国語辞典を引いてみれば確認できますが、例えば次のようなものです。アトランダムに挙げてみましょう。

「ひとの噂も七五日」「ひとの口に戸を立てられず」「ひとの振り見てわが振り直せ」「ひとの褌《ふんどし》で相撲を取る」「ひとには添うてみよ、馬には乗ってみよ」「ひとはひと、われはわれ」「ひとを怨《うら》むより身を怨め」「ひとを思うは身を思う」「ひとを使うは苦を使う」「ひとを見たら泥棒と思え」「ひとを見て法を説く」「ひとの宝を数える」「ひと知れず努力する」「ひとに迷惑をかけるな」などです。ここで「ひと」と言われているのはすべて「他人」のことであるのは説明する必要もありませんね。他にもまだまだあります。「他人手《ひとで》を借りる」「他人手に渡る」「他人目《ひとめ》を忍ぶ」「他人目を避ける」「他人目を引く」「他人目を気にする」「他人事《ひとごと》とは思えない」「他人事だと思って」「他人《ひと》真似をする」「他人任せにする」「他人聞きが悪い」「他人前で恥をかく」「他人の気も知らないで」「他人付き合いがいい」「他人違いをする」「他人見知りする」「他人頼みにする」「他人払いする」「他人待ちをする」などなど。

ふだん何気なく使っているこうした言葉の中の「ひと」は、すべてその実体が「他人」であるのは言うまでもないでしょう。

「他人」を「ひと」の意味で言ったり使ったりする国は日本以外にはないと思います。試しに英語で人間を意味する man とか、people とか、human-being など調べてみましたが、どれにも他人を意味する other は含まれていません。ということは、それだけ日本人は自分以外の人の存在を日頃からしっかり意識していたため、「他人」を「ひと」とイメージしてきたのだと言えます。それほど日本人にとって「他人」の存在は無視できない大事な存在だったということです。このような事実から言えることは、日本人は古くから身の回りにいる他人の存在を何よりも気にし、そういう人たちの気持ちがわかるように努め、気遣いをし、気配りし、思いやるなどして他者とのよい関係を壊さないように努めてきた民族であったということです。

日本人にとってはそれほど大事な存在であった「他人」が、現在の日本人の頭からすっぽり抜け落ちてしまっているとしたら、これこそ一大事と考えていいことです。これまでも何回か言ってきたように、多様な他者と繰り返し行為のやり取りをすることを通して社会力が育まれ、強化されてくるわけですから、自分の回りに他者が居ることすら意に介しなくなったら親密に交わることなどなくなりますから社会力など育つはずはありません。

「関係」意識と「役割」意識の希薄化

ここであと一つできるだけ簡単に大事なことを話しておくことにします。社会学でいう「役割理論」のことです。第一講のときも少し説明したと思いますが、私たちの社会はただ漫然と人が集まっているわけでありません。親と子の関係とか、先生と生徒の関係とか、社長と社員の関係とか、市長と市民の関係とか、運動部で言えばキャプテンと部員の関係とか、バスに乗れば運転手と乗客との関係とか、病院では医者と患者の関係とか、買い物に行けば店員と客の関係とか、社会のどこでも人と人が何らかの関係で結びついていることで成り立っています。このことを、社会学では、親とか子とか、先生とか生徒とか、社長とか社員のことを「社会的位置（Social Position）」とか「地位（Status）」と呼んでいます。そして、それぞれの位置や地位を占めている人には、その位置や地位に相応《ふさわ》しい行動を取ることが期待されているのです。その期待される行動のことを「役割（Role）」と言います。社長の位置にいる人なら社長らしく行動するよう求められますし、教員という位置を占めている人であれば先生らしく、父親なら父親らしくしなければならないということです。ここまでのことはわかりますよね。

ここから少しわかりにくくなります。よく考えながら聞いてください。ある人がいたとして、その人が、たった一つだけの位置を占めて一生を送ることができればいいのですが、実際の社会ではそういうわけにはいきません。ある男の子がいたとして、幼稚園の園児だった子が、年とともに、小学生になり、大学生になり、卒業して会社に就職すれば社員になり、昇進すれば課長にもなります。また、結婚すれば夫になり、子どもが生まれれば父親になります。自宅のある地域に帰れば市民になりますし、住民の義務として消防団の一員になることもあり、趣味で音楽のサークルに入れば団員という位置を占めることにもなりますし、求められて区長になることもあります。ということで、一人の人がいくつもの「社会的位置」を占め、それぞれの位置を占めるものとして、その位置に相応しい行動をするよう、回りにいる他の人から期待されることになります。ですから、私たちは、誰もが、社会の一員として自分が占めるそれぞれの位置に相応しいそれぞれの役割を、その場その場に応じて、また自分の相手になるそれぞれの人に応じて適切に行動しなければならないことになります。こう説明されると、様々な人たちと場に応じて臨機応変に行動できるかどうかを左右する社会力があるかないかがとても重要なことなのだとわかるでしょう。

私の見るところ、社会人として適切な行動をするために欠かせない役割意識も、その前提になる関係意識も、他者の喪失という事態が進むことによってどんどん希薄になっているように思います。そのため、家庭でも、役所でも、コンビニでも、果ては議会や国会でも、いろんな形で無責任な言動がなされるようになっています。困ったものです。

他者優先を示唆する日本語の自称詞の特殊性

このことと関連してあと一つ大事なことを付け加えておきます。それは日本語に見られる自称詞の特殊性についてです。自称詞とは自分のことを指す呼び方のことで、英語では一人称の「私（I）」に当たります。ドイツ語では Ich、フランス語では Je です。英語でもフランス語でもドイツ語でも、「私はなになにです。」と言うときは、自分の相手が誰であろうと、たとえ大統領であろうと自分の母親であろうと友だちであろうと、I, Je, Ich 以外の言い方はしませんね。ところが、日本語だと自分が相手にしている人が誰であるかによってどんどん変わります。例えば、四五歳くらいの男性の学校の先生を例に挙げれば、学校では、校長に対しては「わたくし」と言い、同僚の先生であれば「ぼく」、生徒であれば「せんせい」と言うのが普通でしょう。また、家に帰れば、奥さんには「おれ」とか「じぶん」と言い、子どもには「おとうさん」と言い、近所の家の小さな子どもには「おじさん」と言うのが一般的です。

こういうふうに、日本語では相手によって、言い方を変えれば、自分と相手との関係の違いによって自分の呼び方をどんどん変えていくのが当たり前になっているのです。このような日本語に見られる自称詞の特殊性に気づき、論文や著書などで明らかにしたのが言語社会学者で著名な慶応大学名誉教授の鈴木孝夫先生です。私はまだ大学院の学生の時、ある雑誌でそのことを書いた論文を読んだのですが衝撃的でした。その論文は現在は『ことばと文化』（岩波新書）の六章に入っていますので読んでみるといいです。

このように、日本人は自分と相手との関係の違いによって自分を呼ぶ呼び方を変えるのが当たり前だったのです。ということは、何を私たちに示唆しているかといえば、日本人は自分のことよりまずもって相手のことを先に考えて行動することを当然のこととしていたからだと私は考えています。日本人には、「あなたあっての私です」という意味での他者を優先する考え方が根付いていたからそういう言い方をしていたのだと考えています。

こう言うと、だから日本人は他人の眼や他人の都合ばかり気にして「自分がない」、とか「主体性がなくて困る」とか批判されてきました。たしかに、そういう批判が当たっている面もありますが、今の私は、これこそが日本人の美徳だと言いたい気持ちのほうが強くなっています。自分の都合や自分の利益しか考えない人が多くなっていると思うほどそう思います。その点について先に紹介した鈴木先生も、日本人は相手の出方、他人の意見をもとにして、それと自分の意見をどう調和させるかという相手待ちが得意であるとか、他の人が意見なり願望なりを言葉や行動で明確に表明しないうちに、いち早くそれを察知して自分の行動を相手に合わせていくことが少なくないとか、「察しがいい」「気が利く」「思いやりがある」などという言い方が今では褒め言葉になっていることなどを引き合いに出し、そうした日本人の感性を大事にしなければならないとも言います（『日本の感性が世界を変える』新潮選書）。わが国の今後や、人類社会の将来を考えるとき、日本人や日本文化に見られるこうした特異性や美徳はもっともっと大事にしなければならないでしょう。

「他者の喪失」を促した地域社会の崩壊

では、どのような社会環境の変化が他者の喪失と社会力の低下をもたらしたのか。私は大きく三つの要因を考えています。一つ目は家族構成の変化、具体的には一世帯当たりの平均人数が五人から三人以下まで減少したことです。二つ目は経済の高度成長に伴う都市の過密化と農山村部の過疎化に伴う地域社会の崩壊です。三つ目はテレビやゲーム機やパソコン、最近ではスマホの普及による直接的な人的交流の減少です。三つ目のテレビなどの浸透による人的交流の減少については後で説明することにして、ここでは、まず、一世帯当たりの人数の減少と地域崩壊の内実について説明しましょう。

一世帯当たりの人数が何人かの統計は明治六年あたりから正確に辿ることができます。それによって明治以降一四〇年ほどの変化をみると、一九六〇（昭和三五）年までは平均五人でほとんど変化はありませんでした。ところが経済成長が本格化した六〇年代の中頃から調査の度に少なくなり、今では三人以下になっています。三人とすれば父親と母親と子ども一人ということになりますから、それだけ家庭内での人的交流が少なくなったということです。

それ以上に大きな変化は人口減少に伴う地域での人と人の日常的な付き合いの希薄化です。ただこう言ってもその実態がどうなのか具体的にイメージし難いと思いますので、もう少し丁寧に説明しましょう。

地域での人的交流と言えば向こう三軒両隣の付き合いが最も頻繁だったでしょうから、向こう三軒両隣の家が家族ぐるみでお付き合いしていた時代と、それがまったくなくなった時代とを比較すると、人的交流がどれだけ違うか数字で示すことができます。向こう三軒両隣、すなわち合計六軒の家の人たち（一世帯平均五人とします）が日常的に何らかの付き合いをしていたとすると、六軒それぞれ五人ですから合計三〇人が交流することになります。三〇人がお互い付き合うことを想定してその組み合わせの数を計算すると全部で四三五通りになります。計算の仕方は三〇の野球チームが総当たりで試合する場合の総試合数の計算と同じです。仮にこの三〇人の中に山田家の太郎ちゃんという子がいたとしたら、太郎ちゃんは日常的に四三五通りの多様で濃い人的ネットワークの中で成長することになります。

それに対し地域でどこの家とも付き合いのない家の一人っ子が田中さんちの花子ちゃんだとしたらどうでしょうか。今や一世帯で一緒に暮らしているのはたった三人（お父さんとお母さんと花子ちゃん）ですから、花子ちゃんが育つことになる人と人の関係は、花子ちゃんと父親、花子ちゃんと母親、それに父親と母親という三種類でしかありません。

こうして比べてみれば、少なくとも向こう三軒両隣のお付き合いがあった時代とそれがなくなった時代では、四三五対三という数字に表れているように、子どもが成長する人的環境の質に大きな隔たりがあることがわかるでしょう。人と人との直接的な交わりが少なくなったところに、テレビやゲームやスマホなどが人離れに追い打ちをかけるわけですから、これでは子どもの社会力など育ちようがありません。他者の喪失が進むのも当然の成り行きだったということになります。

他者離れと社会脳の退化を加速したメディア機器

脳の健全な発達にテレビは有害であるということはテレビが放映され始めた（日本では一九五三年です）すぐの頃から言われていました。テレビの放映を最初に始めたNHKは、テレビが子どもたちの成長にどんな影響を与えるかを放送文化研究所の仕事としてかなり熱心にやっていました。何回か行った調査で「子どもに与える影響はあまり好ましいものではない」という結果が出た時点で調査を取りやめたということもありました。テレビが一般の家庭にもどんどん普及したのは高度経済成長が始まった一九六〇年頃からですが、それより前の一九五七年の時点で、評論家の大宅壮一さんは早くもテレビによって「一億総白痴化」が進められていると警鐘を鳴らしていました。本を読む場合は、文字を読んで意味を解釈し、内容を理解するには自分の頭で考え、想像力を働かせる必要があるのに、テレビだとぼんやりと画面を見ているだけで済むから人間の思考力を低下させることになるというわけです。

その後、テレビが普及するにつれて、テレビの人間形成に与える影響を調べる研究はアメリカなどでも多くなされてきました。テレビから発せられる強烈な光と音の洪水は子どもの脳が受けとめることができる能力をはるかに超えていて、それを防御するため、子どもの脳は「痴呆状態《ゾンビー》」になっている、と結論づけた研究もあります。その研究を含め、多くの研究は、テレビは有害という結論を出しています。

そうした結論を踏まえて、テレビやゲームのやり過ぎに警告を発する本がかなり多く出版されていますが、精神科の医師でもある岡田尊司さんなどは、『脳内汚染』（文春新書）や『インターネット・ゲーム依存症』（文春新書）など多くの本を書いて注意を促してきています。しかし、ここでは、ごく最近出された脳科学者で東北大学教授の川島隆太さんたちがまとめた本『やってはいけない脳の習慣』（青春新書）を紹介しておくことにしましょう。お弟子さんの横田晋務さんたちとの共同で、仙台市の全児童生徒七万人を対象に六年間調査した結果をまとめた本です。そこでは、次のような重要なことが報告されています。

「テレビを観たりゲームをしているときは脳の前頭前野という、物事を考えたり自分の行動をコントロールする力にとって非常に重要な部分の血流量が下がり、働きが低下してしまいます。そのため、テレビやゲームで長時間遊んだ後に本を読んでも理解力が低下してしまうというデータも報告されています。テレビを長時間視聴した子どもは、思考や言語を司る部分の発達が悪くなってしまうこともわかっています。」（二二一～二二三頁）

テレビ、ゲーム、パソコン、スマホといったメディア機器やIT機器と長時間にわたって接触した場合の脳へのダメージは明らかですが、ここで言っておきたいのは、メディア機器にしろIT機器にしろ、機器と関わる時間が長くなればなるほど、生きた生身の人間と直に関わる交流や接触の時間がそれだけ少なくなるということです。一日は二四時間ですから、そのうちテレビを観たり、ゲームをしたり、スマホを操作したりして費やす時間が多くなれば、当然のことながら、その分、生きた人間（様々な他者）と接する時間が少なくなるわけです。そうなればますます私の言う「他者の喪失」が進むという理屈になります。

こういう事態（他者の喪失）が進めば、先ほど紹介した脳へのダメージと一緒になって、「社会脳」の形成がますます困難になってきます。とりわけ高度経済成長期以降に地域社会の崩壊によって進んだ他者の喪失という事態と並行して増えたメディア機器との接触量が他者の喪失に加え、社会脳の低下を加速させることになったと私は見ています。

「他者の喪失」がもたらした社会的病理現象

家族構成の変化、地域社会の崩壊、日常生活へのメディア機器の侵入などによって進んだ他者の喪失は、その結果として、どのような病理的な現象をこの社会にもたらすことになったのか。そのこともざっと整理しておきましょう。

他者の喪失がもたらした社会的な病理現象として、私は、とりあえず、いじめと、引きこもりと、児童虐待の増加の三つを挙げておきたいと思います。もちろん、いじめも、引きこもりも、児童虐待も、一つひとつの事例を見ていけばその要因は単純ではないでしょう。しかし、私が見るところ、そうした好ましからざる現象の根底には他者の喪失が、言い換えれば、他者への関心、理解、愛着、信頼感といった心性が薄れてきたことがあると見ています。同じクラスや同じ学校にいる他の子をいじめるのは、その子について関心も愛着もないわけですから深く理解しているわけもなく、ましてその子の立場になってものを考えたり、その子の気持ちをわかってあげるとか、思いやるなどということはありませんから、きっかけさえあれば簡単にいじめに走ることになるのでしょう。

引きこもりが増えるのは、いじめられたことがきっかけになっているケースが少なくないと思いますが、他の人と関わるのが嫌だとか苦手だとかいう気持ちがあって、他の人とよい関係をつくれず自閉症的な心の状態になり、ついつい学校に行くのが嫌になり、そのまま自分の部屋から出ていくのが億劫になってしまうケースが少なくないのではないかと私は考えています。

児童虐待について言えば、親世代の人間嫌い、自分たちが産んだわが子すら可愛いと思えないような心根が根底にあるのではないかと思います。近年、このわずか二〇年足らずの間に児童虐待に関わる件数が一〇〇倍近くにも増えているというのは、やはり根本のところで人間の根幹にある何かが大きく変わったからと考えるしかないのではないかと考えています。わが子にすら愛情や愛着をもてないような人間になってしまっていたら、何の関係もない赤の他人と仲良くなろうという気持ちにならないのはごく当然の成り行きでしょう。

こうして日本の社会は、子どもから大人まで互いに無関心を装い、関心があるのは自分のことだけで他の人のことは見て見ぬふりをしてやり過ごす、といった殺伐とした社会になってきているように思います。だからこそ、私たちはそれとは逆に、誰もが社会力のある温かみのある社会に変えていくにはどうしたらいいかをしっかり考えていかないといけない時代になっているのだと思います。

Q　私たちが社会力を身につけ一人前の社会人となっていくには多くの他者と関わることがとても大事だということがだんだんわかってきました。そこで聞きたいのは、そのようなことを学問的に説明した社会学の理論があるのでしょうか。

他者との関わりを重視した社会的自我理論

立派な社会人になりましょうと言ったり、だからしっかり勉強しましょうと励ましたりした教育学者や心理学者たちは古今東西数多くいます。しかし、どうすればそのような人間になれるかを理論的に説明した人はそんなにはいません。とりわけ、そのためには他者との関わりこそ大事なのだと強調して理論的に説明した学者は、私の知る限り、一人しかいません。その人は「社会的自我論」を提唱したアメリカの社会心理学者G・H・ミード（Mead）です。ミードさんはシカゴ大学の先生で、かの有名な教育学者のジョン・デューイ（Dewey）と同僚で、デューイの教育学にかなり影響を与えた人でもあります。

ミードは多くの論文は書きましたが自分で一冊本をまとめることはしませんでした。そんなことで、ミードが亡くなった後に、お弟子さんたちが残された論文や大学での講義録をもとにして一冊の本をまとめました。その本が『精神・自我・社会（Mind, Self and Society）』という本です。硬いタイトルになっていますが、「人間の心と、自分についての意識と、社会の成り立ち」といったタイトルにすればどんな内容かおおよそ見当がつくと思います。「人間はどのようにして社会人として自己を形成し、社会なるものを形づくるか」そのプロセスを理論的に説明した本です。なかなかわかりにくい本ですが、私なりに読み込んで理解していることを説明することにしましょう。

ミードさんは人間形成の過程で果たす「他者」の存在と他者との関わりをものすごく重要なことと考えました。その他者ですが、大きく「意味のある重要な他者（Significant Other）」と「一般化された他者（Generalized Other）」に分けて説明します。意味ある他者とは、成長の過程で出会い、相互行為を重ねることで自分の成長に重要な役割を果たしてくれる具体的な人のことです。そういう人とは、まずはお母さんでありお父さんであり、おじいさんやおばあさんであり、近所に住むおじさんやおばさんといった人たちです。こういう顔や表情がわかり、性格や考え方もわかる様々な他者と関わりながら、子どもは他者について、あるいは人間について抽象化した、あるいは一般化したイメージをつくり上げていくことになります。そのようにして形成された他者イメージが「一般化された他者」になるということです。ミードは、豊かな表情や血の通った身体をもって生きている多くの他者と直接相互行為を交わすことによって、他者をどんどん自分の中に取り込み（「他者の役割取得」とも言います）昇華し、抽象化した他者イメージを形成していく、この過程こそ人間形成、すなわち社会的自我が形成されていく過程だというわけです。自我（Self）なるものは最初からあるわけではなく、他者と直に関わることで形成されていくのだというのです。

ミードは、また、自我というものも「I（主我）」と「Me（客我）」に分けて考えていて、「I」がどんな中身のものかは本人にもわからないもので、他者と関わることで他者から、例えば、「あなたはこんなこともできるのね、すごいわ」とか、「あなたは自分のことばかり考えていて思いやりのない人ね」などと言ってもらうことで、ようやく自分がどんな人間なのかを「Me」として自覚できるようになるのだと説明します。ですから、人間は多くの多様な他者との相互行為（行為のやり取り）を通して、はじめて、自分がどんな能力や特性をもった人間なのか自覚できるようになるということです。

社会学の用語に慣れていないとなかなか理解し難いことかもしれませんが、要は、「多様な他者との頻繁な交流なしには社会的自我は形成されませんよ、一人前の社会人にはなれませんよ」ということです。「他者あっての私（自我）ですよ」ということでもあります。

Q　これまでよくわからなかったことがわかってきましたが、今回のゼミで言われた「他者の喪失」とか「社会脳の形成不全」といったことが進むと社会的にはどんな問題が出てきますか。

「他者の喪失」がもたらす不都合なこと

開講したとき、最初に話したと思いますが、他者とのよい関係をつくれず、お互い他人のことには無関心で、自分の利益や自分の都合だけを考えて行動する人が多くなれば、社会的には不都合なことがいろいろ出てきます。何でもいいから目立つことをしてテレビに出て、お金を稼ごうと考える人が増えるとか、いい高校や大学に入るため小学校の低学年のころから点数稼ぎ競争が過熱するとか、儲かれば人を騙すのも平気という振り込め詐欺を働く人が後を絶たない、といったことが多くなっています。私から見ればあまり好ましいとは思えない風潮が高まっているのは、「自分さえよければいい」と考える人が増えているからだろうと思います。

不幸なことに、このような風潮を後押しするように、一九八〇年頃から世界的に新自由主義的な考え方や政策が拡がりました。新自由主義というのは、ひとことで言えば、市場を舞台に、人と人、企業と企業、国と国を自由に競争させて儲けを上げさせ、経済力を高めることを目的にした社会の運営の仕方のことです。もう少し具体的に言うと、様々な公的な規制はなくし、公営事業も民営化し、思いっきり競争させ、頑張らない人を甘やかしたり保護するのはやめて、自分の責任で頑張ってもらい、成功しなかったら自分の責任だからしようがないとあきらめてもらう、といったことをどんどん実行していくやり方のことです。

こういう新自由主義的な政策を実行したらどうなると思いますか。能力のある人とそうでない人の間に差がつくことになりますよね。実際、一九八〇年代の終わり頃から、世界各国で、とんでもない金持ちと毎日の生活もままならない貧困層との格差がどんどん拡がることになりました。

こうして、今や格差問題が、わが国でもそうですが、世界的にも大きな問題になっています。これからの社会を考えたとき、この問題はきわめて重要なことです。そこで次回は様々なかたちで拡がっている格差の実態を詳しく見ていくことにしましょう。

第四講　経済的文化的格差と能力格差の実態はどうなっているか

今回は、これからの社会のあり方を考えたとき最も重要な問題だと考えている格差問題について話すことにします。なぜこの問題が重要かというと、この厄介な問題を解決しないことには、この世に生まれてきた誰もが幸せな生涯を送れるような社会になることはないと考えているからです。

一九七〇年代に台頭した文化的再生産論

まず、一九七〇年代の後半ごろから社会学の分野で注目された「文化的再生産論」について説明することにしましょう。「文化的再生産」といっても何のことかサッパリわからないという人がほとんどだと思いますが、格差問題を考える上ではとても大事な用語ですし、社会の見方です。この「文化的再生産論」を最初に提唱したのはフランスの社会学者でピエール・ブルデュー（P. Bourdieu）という人です。この言葉を使ってどんなことを指摘したかというと、平たく言えば、「子どもが育つ家庭の文化資本（Cultural Capital）

の違いが子どもの資質能力の差となって現れ、その差が子どもの社会的地位の差となって再生産される（代々繰り返される）」ということです。もっとわかりやすく言えば、親が学歴も高く、教養もあり、社会的地位も高く、それに見合って、経済的にも余裕があり、豊かで文化的な生活を営んでいる家庭の子は、親と同じような学歴と教養と文化を身につけることになり、その結果、親と同じような社会的地位を得ることになる、ということです。「逆も真なり」であるのは言うまでもありません。

ここで、「文化資本」というのは、その家の親たちが大学を卒業しているとか、家で硬派な内容を書いた新聞を読んでいるとか、教養を高めるような本を読んでいるとか、クラシック音楽が好みであるとか、外国にも知人がいるとか、ときには家族で美術館やコンサートに出かけるとか、夕食時は、学校のことや教育問題について話すのはもちろん、両親が自分たちの大学時代の思い出を話すこともあるし、政治問題や外国事情なども話題にすることもあるでしょう。そんなあれこれを含んで、毎日、家でどんなふうにして過ごしているか、その毎日の暮らし方のことと言っていいでしょう。それに加えて、家の中でどんな言葉を使って親子が会話しているかを含める研究者もいます。

もちろん、このような生活をするには、家もかなり広くて、家に父親の書斎があって、本棚があって多くの本があるとか、家族で団らんできる居間があって、そこにピアノや花瓶があって、壁には抽象的な絵が飾られているといった環境が整っていることも含まれます。こうしたあれこれすべてを含んだその家族の生活のスタイル全般が文化資本のことだと考えていいでしょう。

そういう家に生まれてそこで育つ子どもがいる一方、両親とも中学校を卒業するとすぐに就職して、結婚して子どもが生まれても小さいアパートを一部屋借りて、家族みんながそこで暮らしている家で育つ子もいるわけです。家計が苦しいため、本も買ってもらえず、稽古ごともできず、塾にも行けず、家庭での様子といえば食事のときはみんなテレビを見ていて話をすることもなく、時々話をしても、食べ物の値段だとかタレントが結婚したとか離婚したとかの話だけ。休みの日も、お父さんは「ちょっと金儲けてくる」と言って一人でパチンコや競輪に出かけるとか、お母さんはブツブツ小言を言いながら内職するとか、子どもたちはテレビを見たりゲームばかりしている、というような家もあります。

文化資本というと何か難しく聞こえますが、私たちが慣れた言葉で言えば、家庭環境とか家族環境と言ってもいいでしょう。どんな家に住み、どんな親きょうだいがいて、どんな毎日を過ごしているか、その違いが、結局、子どもがどんな人間になるかを大きく左右しますよ、そしてどんな人間に育つかでその後の人生が決まりますよ、ということをいろいろと調査をしたり、関連する資料を分析して明らかにしたのが「文化的再生産論」だと、まずは理解してください。

家庭で用いる言葉の違いで生じる能力格差

様々な家に生まれて、様々に違う毎日を何年も続けたらどういうことになるか。大事なことなので、そのことをもう少し詳しく説明することにします。

文化的再生産論を別の観点から説明した学者がいます。イギリスの言語社会学者のバジル・バーンシュタイン（Basil Bernstein）という人です。バーンシュタインさんは家の中で両親がどんな言葉を使って子どもたちと話をしているかに注目しました。そして、使っている言葉の違いが子どもたちの成長の仕方に大きな違いをもたらしますよと警告しました。バーンシュタインさんが明らかにした言葉の違いとは、ひとつは「精密コード（elaborated code）」で、もうひとつは「限定コード（restricted code）」と言います。こういうだけではどんな違いかわからないと思いますので、具体的な例を一つ挙げてみましょう。

Aさんの家のお母さんは、その日聞いたことを子どもに次のように話しました。

「三丁目の公園で五人の男の子が野球ごっこして遊んでいて、一人の子がバットでボールを打ったら、公園のそばにある家まで飛んでいってガラスを割ったんだって。そしたら、その家のお父さんが出てきて子どもたちを叱ったので、みんな走って逃げたというの。だから、太郎ちゃんも公園で遊ぶときは気をつけなさいね。」

Bさんの家のお母さんは、その日見たことを子どもに次のように話しました。

「公園で子どもたちが遊んでいて家のガラスを壊したの。叱られたので、みんな逃げたんだって。遊ぶときは気をつけるのよ。」

Aさんの家のお母さんの話し方は「精密コード」で、Bさんの家のお母さんの話し方が「限定コード」というわけです。違いはわかりますよね。精密コードのほうは、聞いている人がその場にいなくても、どういう内容かほぼ正確に理解できるでしょう。それに対して限定コードの方は、聞いている人もそこ（同じ場所）にいて、実際に見ていなかったらどんなことが起こったのか、詳しいことはほとんどわからないはずです。

こういうふうに、親子の間で話をする話し方が違うと、子どもが頭の中で思い描く図柄や具体的な中身に大きな違いが出てくることになります。その違いの積み重ねが、結局、子どもの脳の形成過程に影響し、能力差となって現れることになり、そのようにして生じた能力差が学校の成績となって現れますよ、と警告したわけです。

人間形成の内実を規定する文化資本

では、今説明した親が使う言葉の違いもそうですが、先に話した文化資本あるいは家庭環境の違いは、子どもたちに何の違いとなって表れるのか、そのことを具体的に説明しておきましょう。文化資本が規定する（違いをもたらす）人間形成の内実とはどんなことかということです。

違いと言っても目に見える違いと目には見えない違いがありますが、厄介なことに、違いのほとんどは外からの目では確認できない違いです。まず、目で確認できる違いから説明すると、毎朝決まった時間に起きるとか、起きたら両親に挨拶するとか、家で毎日予習や復習をするとか、休日は家の手伝いをするといった生活習慣の違いがあります。また、好んでする話の内容や聞く音楽とか、言葉の選び方や使い方、敬語の使い方、好みの食事なども外からわかることに入るでしょう。

しかし、目に見えない違いのほうが多いし、そちらの違いのほうがもっと重要です。どんなものがあるかと言えば、まず嗜好や感性の違いであり、関心事や価値観や美意識の違いであり、さらには勉強することの意味づけや将来志向、学習の動機づけや、物事を成し遂げようとする達成意欲の違いなどを挙げることができるでしょう。こうして挙げていくだけでその内容はわかると思いますが、関心事とは、世の中の何に関心をもっているか、教育のことか政治のことか、芸能のことか憲法のことか、地球の今のことか宇宙の未来のことか、自分を取り巻く森羅万象の何に関心を向けるかは、その人の人生や将来を左右する大きな違いになることは間違いないことです。何がよいことで何が悪いことかに関わる価値観や、何を美しいと思い何を醜いと思うかに関わる美意識の違いも、自分の行動を決める上で重要なことでしょう。また、勉強することにどういう意味づけをし、価値づけをしているか、自分の将来をどう考えているか。また、どうしても大学に入ろうと考えているか、そうではないのか、そうした違いもその人の人生を大きく左右しますので見逃せません。

このような目には見えない意識や動機も、どのような親のもとで、どのような家庭環境の中で、どのような毎日を過ごすかで大きな違いが出てくること、家庭の文化資本の違いがどのような人間を形成することになるか、その内実を大きく左右するであろうことは容易に推測できるはずです。

格差問題を取り上げたり論じたりするとき、わが国では親の経済格差だけを問題にするのがほとんどです。しかし、私は、子どもの人間形成への影響という点では経済格差以上に文化資本の格差のほうが重要だと考えています。このことは、このゼミナール全体を通して重要な「核」（ポイント）になることですからしっかり記憶しておいてください。

世界的に拡がる経済格差

昔から、またどこの社会にも様々なかたちの不平等がありました。人間に能力の違いがある限り、不平等は無くならないとも言われます。たしかに、一人として同じ人間はいません。顔も性格も能力もそれぞれ違います。価値観も特技も、勉強や仕事に取り組む頑張り度も違います。ですから、子どものときはさほど目立たない違いでも、大人になると、それまでどんなことをどんなふうにやってきたかによって、やってる仕事の内容も、社会で占める地位も、獲得する富も資産も、その人に対する周囲の人の評価にも大きな違いが出てきます。こうしたことが社会的不平等として問題にされてきました。フランスの思想家であるJ・J・ルソーが、一七五五年に、有名な『人間不平等起源論』を書いているのは皆さんも知っていますね。ここでその話をするつもりはありませんが、人間と人間の間に生まれる不平等は昔から問題にされ、様々に議論されてきました。

その不平等が、二〇世紀後半あたりから再び世界的に問題にされるようになってきました。今回の初めに話した「文化的再生産論」が一つのきっかけになったと言っていいでしょう。なぜ、ここにきて不平等が問題になってきたかというと、社会の不平等が、特に経済的な格差がどんどん大きくなって、しかも、世代を通して固定化し、世襲化する傾向が高まってきたことが様々なデータから明らかになってきたからです。フランスの経済学者のトマ・ピケティさんが二〇一三年に出版した『二一世紀の資本』という、枕にできるような分厚い本が世界各国で翻訳され読まれていると言いますが、その中身は世界各国で富裕層（お金持ち）と貧困層（貧しい人たち）の経済格差がとてつもなく拡がっていると警告したものです。また、アメリカの経済学者で、ノーベル経済学賞にも選ばれたJ・E・スティグリッツさんによれば、アメリカでは大金持ちの上位わずか〇・一％の人たちの所得が、下位の九〇％の人たち全員の平均所得の二二〇倍にもなっていると報告しています（『世界の99％を貧困にする経済（The Price of Inequality）』）。ブルデューさんのいるフランスでも、バーンシュタインさんが住んでいたイギリスでも、同じようなことが起こっていたのです。

四〇年前から進んでいたわが国の階層格差の再生産

では、わが国ではどうなのでしょうか。皆さんも知っている通り、江戸時代は士農工商という身分制度がしっかりあって、どんなに才能や能力があっても、農家の子どもは武士になって出世することはできませんでした。また、自分の藩から他の藩に移ることもできませんでした。しかし、明治維新以後になると、誰もがどこに住んでもいいし、どんな仕事に就いてもよくなりましたから、末は博士か大臣かということで、田舎の農家の子どもでも、東京に出て勉強して専門学校や帝国大学を卒業するとどんどん偉くなることができました。社会学では、そのことを階層の上昇移動と言いますが、明治時代から高度成長期の終わり頃まではそういう人が大勢出てきましたから、日本では社会的な不平等とか階層の格差が社会的な問題になることはほとんどありませんでした。

しかし、高度成長期も終わりに近づいた一九七〇年頃になると、戦後混乱した社会が安定してきたこともあって、階層の上昇移動が少なくなり、偉い親の子は偉くなり、貧乏な家の子は貧乏なまま、というケースが多くなり始めました。そんな状態になってきていることを鋭く見抜いた人が朝日新聞の記者をしていた佐田智子さんです。二〇一〇年に出した私の『社会力を育てる』（岩波新書）でも紹介したことですが、佐田さんは一九七二年から一〇年間続いた長期連載ルポ「いま学校で」の仕事で学校の取材を重ねながら、そこで見られた新しい事態を『新・身分社会』（太郎次郎社）という本に次のように書いています。わが国の格差問題を考えるときわめて重要な証言なので、核心的な個所をそのまま読んでみます。

「いまや日本の教育制度は、社会的不平等を是正するどころか、さらに拡大再生産する方向に向かって猛然と突っ走っている。」（三四頁）

「明治以来、日本の教育は、社会の階層移動を可能にしてきた。（中略）しかし、今の教育構造は、逆に、社会の階層間の移動を阻んでいる。教育のありようが、この社会の流動性を殺し始めている。貧乏人の子は、教育を受けることでさらに貧乏になり、金持ちの子はさらに金持ちになる。その構図が、すでにできあがっている。」（二七四頁）

この本が出版されたのが一九八三年ですから、今から三五年前です。佐田さんが学校の現場に出かけその実態を目撃し取材したのは、一九七二年から一〇年間ですから、佐田さんが本に書いた事態が進んでいたのは今から四五年も前からのことだったわけです。

佐田さんがこの本を出版する少し前、私は『教育社会学研究』（38集、一九八三年刊）という学会が発行する研究誌に論文を書いていました。その一部を紹介しましょう。

「いま、社会の状況はかなり変わってしまっている。教育の機会を平等にし、その成果を公平に測定し、能力に応じた地位を保証するという教育方針（考え方）を忠実に実行してきた結果、いま、能力に見合うかたちの階層分化が進んでいるのではないか。」（四〇頁）

論文調の表現はややわかり難くなっていますが、言わんとすることは、すべての子どもに等しく教育の機会を与えて、競争させ、公平に評価したら、結局は、それぞれの子どもの能力に見合う地位に振り分けることになった、ということです。要するに、教育機会の平等を実現したら、かえって社会での階層の上昇移動がほとんど見られなくなり、その結果、これまでの階層構造がほぼ固定するようになった、ということになります。私も佐田さんが見抜いた事態と同じことを指摘していたことがわかるでしょう。わが国でも、すでに四〇年ほど前から階層構造ないし階層格差の固定化と再生産が始まっていたということです。しかし、残念なことですが、この時点では、研究者も含めこのような変化に気づいていた人はほとんどいませんでした。

格差問題への注目と研究の進展

私や佐田さんが見抜いていた事態に気づき、日本で顕著になり始めた格差問題について書いた本が出版されるようになったのは、それから一五年も後のことでした。先駆けをなしたのは、当時京都大学の教授であった橘木俊詔氏の『日本の経済格差』(岩波新書)という本で、出版されたのは一九九八年の一一月でした。この本の中で橘木氏は、①一九八〇年から九二年までの一〇年ほどの間に、わが国の所得分配の不平等度が急速に高まっていること、その結果、②わが国は今や先進国の中でも最高の不平等度になっており、それゆえ、③わが国の所得分配の平等度は低くなり、高度成長期に「一億総中流」などと言われていた平等神話は崩壊した感がある、と結論づけています。

橘木氏はさらに一歩進めて、一九八五年頃から日本の社会は親の職業が子の職業を決定する確率が高まってきていて、その分、階層の固定化の兆しがみられることにも触れています。さらに、近年、高学歴者同士で結婚する人が増えていて、親たちの階層が子どもに再生産されるようにもなっている、とも言っています。この問題は親から子への能力の遺伝というかなり厄介なことが絡んできますので、後でもう一度話すことにします。

続いて、社会学者の佐藤俊樹氏（当時東京大学准教授）が二〇〇〇年に『不平等社会日本』（中公新書）という本を書いて出版し、大きな話題になりました。この本は日本社会学会が共同で一九五五年から一〇年に一回の間隔で行っている「社会階層と社会移動に関する調査」（略称ＳＳＭ調査）の第五回目（一九九五年実施）の結果を独自の視点から分析し、明らかになったことをまとめた本です。そこで明らかにされたことは、社会的に高い地位を占める専門職と管理職に就いている親の子は、親と同じ専門職や管理職に就く可能性がどんどん高くなっているということです。専門職とは医者や弁護士であり、管理職とは会社の社長とか重役とか、あるいは中央官庁トップの事務次官とか局長たちのことです。最初のほうで話しましたが、明治維新以降、高度成長期までは、がんばって勉強した子どもは評判の高い大学を卒業し、そのまま有名企業や中央官庁に就職して偉くなるとか、医者や弁護士になって裕福になるといったことが珍しくありませんでした。しかし、一九八〇年から九〇年頃にかけて、わが国でもそのような階層の上昇移動が少なくなってきていることを調査データをもとに示してみせたわけです。「さよなら総中流」「崩壊する平等神話」というキャッチフレーズが示しているように、わが国でも階層の固定化が進んでいると言って、今や「がんばれば何とかなる時代ではなく、がんばっても仕方がない時代になっている」と問題を投げかけ、世間の注目を集めることになりました。

今、紹介した橘木さんや佐藤さんの本がきっかけとなって、以後、遅まきながら、このような事実を確認する統計の分析や実態調査などが多くなされるようになりました。

例えば、日本教育社会学会や日本社会学会が共同で行った調査などで、こうした調査の結果は、宮島喬他『文化と社会―差異化・構造化・再生産』(有信堂高文社)、刈谷剛彦他『学力の社会学―調査が示す学力の変化と学習の課題』(岩波書店)、菊池城司他『現代日本の階層構造―教育と社会移動』(東京大学出版会)、近藤博之他『日本の階層システム―戦後日本の教育社会』(東京大学出版会)といった本で詳しく報告されています。

こうして、一時、「マル金(金持ち)」とか「マルビ(貧乏)」といった言葉が流行したこともありましたが、今や「不平等(Inequality)」という言葉を「格差」と言い換え、また「子どもの貧困」とか「貧困家庭」とか「下流社会」といった新しい表現も使われ始めるなど、格差問題をどう解決するかが大きく問題にされるようになっているわけです。

学力調査の詳細分析が明らかにした事実

経済格差や文化資本の格差などが大きくなることによって様々な問題が起こっています。皆さんもテレビのニュースやドキュメンタリー番組で知っていると思いますが、高校や大学で勉強したいけど授業料が払えなくて進学できないとか、家庭が貧しくて風呂がなく、風呂には入れないし、三度の食事もまともに食べさせてもらえない子がいるとか、就職先を探しても家庭調査がもとで採用されない、といったことです。しかし、その中で社会の将来のことを考えると、一番深刻なのは格差が固定化する傾向が強まっていることです。前に話したように、佐田さんや私が四〇年以上も前に見抜いていた通り、金持ちの家と貧乏な家がそのままずっと続いていくような事態がかなり進んでいることです。そうなると、貧しい家の子はどんなにがんばっても大学にも行けず、いい仕事に就くこともできないようなことになるわけですから、社会全体としても大きな損失になります。そうならないように何とかしないといけないわけですが、ここにきて、さらに困った事実があることがわかりました。親の学歴や家庭の経済状態が子どもの成績ときわめて強い関係があることが、他ならぬ文部科学省の調査でわかったのです。

その調査とは、二〇一三年に全国学力テストを行った際、小学校六年生と中学三年生の児童生徒の保護者を対象に行ったもので、小学校で一万四〇〇〇人、中学校で二万五〇〇〇人ほどの回答が得られたという調査です。調査の分析は、文科省からの委託を受けたお茶の水女子大学の耳塚寛明教授が中心となって行い、『平成二五年度全国学力・学習状況調査（きめ細かい調査）の結果を活用した学力に影響を与える要因分析に関する調査研究』（国立大学法人・お茶の水女子大学）という長いタイトルの分厚い報告書にまとめられていますが、衝撃的な結果が明らかになりました。

回答が得られた調査から、①父親の学歴と、②母親の学歴と、③世帯の所得の三つを組み合わせたＳＥＳ（Social Economic Status）という指標をつくって四つの階層に分け、それぞれの階層と子どもの学力がどう関係しているかをみると、何と、小学校六年生でも中学校三年生でも、国語でも算数・数学でも、Ａ問題でもＢ問題でも、すべてＳＥＳの階層が高いほど子どもの成績がよいということがはっきりしたのです。

要するに、父親も母親も大学を卒業していて、家庭の所得も九〇〇万円以上という家で生まれ育った子どもは、どの学年でも、どの科目でも、そうでない家の子どもより明らかに成績がよいという結果がわかったのです。

こういう結果になることは、これまで行われてきた他の調査などでもわかっていたことですが、この調査は、その他にもっと驚く事実を明らかにしたのです。どういうことかと言うと、両親とも大学は卒業しておらず、家庭の年間所得も三五〇万ほどという家の子どもは、家で毎日三時間以上勉強しても、家でまったく勉強していないＳＥＳの最も高い家

図１　社会経済的背景別、学習時間と国語Ｂ正答率の平均値（小６）

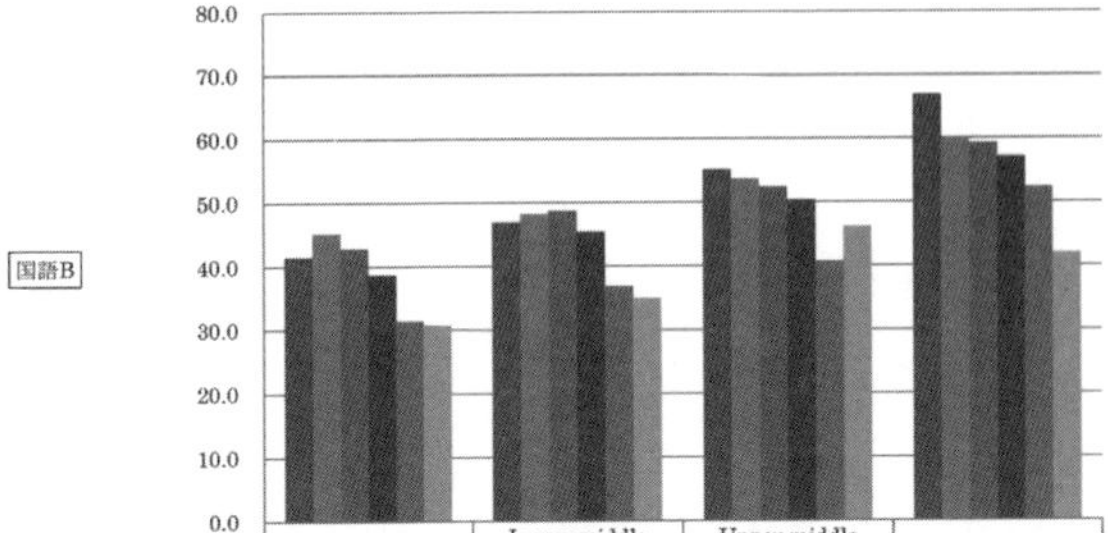

	Lowest SES	Lower middle SES	Upper middle SES	Highest SES
■3時間以上	41.5	46.9	55.1	66.8
■2時間以上、3時間より少ない	45.2	48.2	53.6	60.0
■1時間以上、2時間より少ない	42.8	48.7	52.4	59.2
■30分以上、1時間より少ない	38.8	45.4	50.4	57.1
■30分より少ない	31.5	36.9	40.8	52.3
■全くしない	30.8	35.0	46.2	42.0

図２　社会経済的背景別、学習時間と数学Ａ正答率の平均値（中３）

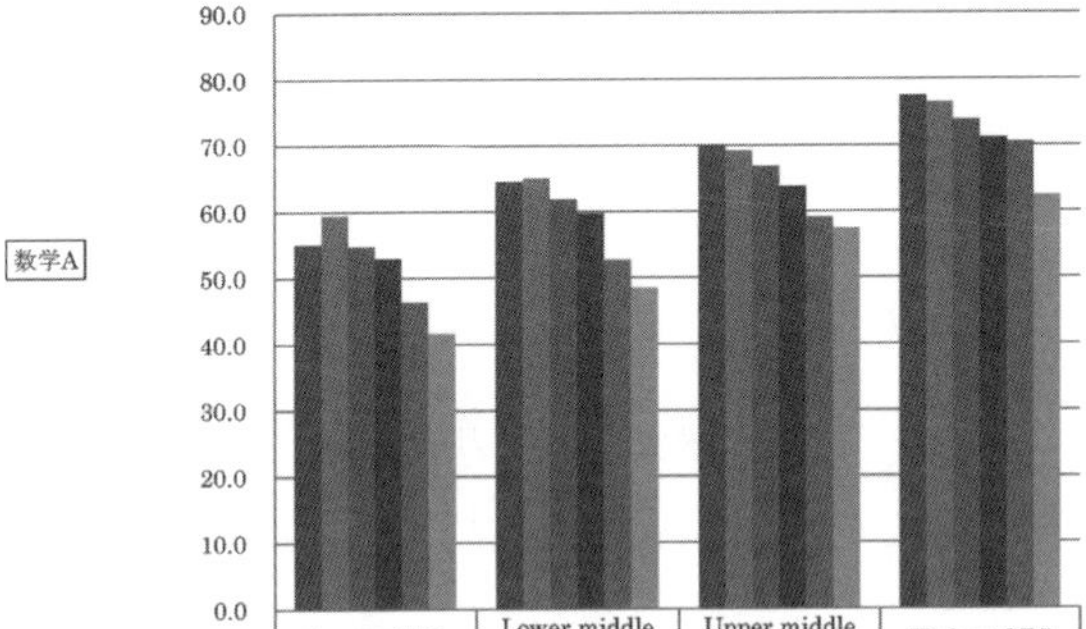

	Lowest SES	Lower middle SES	Upper middle SES	Highest SES
■3時間以上	55.1	64.5	70.2	77.5
■2時間以上、3時間より少ない	59.4	65.0	69.2	76.5
■1時間以上、2時間より少ない	54.8	61.9	66.9	73.9
■30分以上、1時間より少ない	53.0	59.7	63.7	71.2
■30分より少ない	46.4	52.7	59.1	70.5
■全くしない	41.7	48.5	57.5	62.5

図1､2とも｢平成25年度全国学力･学習状況調査(きめ細かい調査)の結果を活用した学力に影響を与える要因分析に関する調査研究｣お茶の水女子大学より

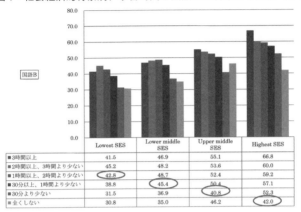

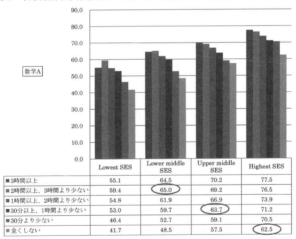

の子より成績が悪いというのです。図1と図2がその結果を示したものです。

こういう結果を踏まえて、耳塚氏は「学力をもっとも強く規定する要因は家庭の社会的経済的背景であり、残念ながら、子どもの努力や学校での取り組みではない」と結論づけています。

このような結果から明らかになったことは、厄介なことですが、家庭の経済力の違いだけでなく、親の学歴（学力）の違いが子どもの成績ないしは子どもの能力の違いとなって表れているということです。この点については後でまた詳しく話すことにしますが、格差問題を考えるとき、このことを避けて議論してもなかなか真の解決には至らないということです。この点はこの後の話の中できわめて重要なポイントになることなのでしっかり頭の中に入れておいてください。

ドーア氏が警告する新しいカースト制度の進行

格差問題を解決する手掛かりを得るために、親と子の間の能力の遺伝に関わるもう一つの核心ともいえる問題に踏み込むことにしましょう。配偶者選択の自由という問題です。

日本国憲法の第二四条には「婚姻は両性の合意のみに基いて成立し」「配偶者の選択等に関しては、個人の尊厳と両性の本質的平等に立脚して」云々と明記されています。要するに、男性も女性も自分の配偶者は自分の意志で決めていいということです。そんなことは今や当たり前のことになっていますが、そのことが格差問題を考えるときに、巡り巡って重要な問題を引き起こしていることに気づく必要があるということです。

その問題にずばり切り込んだのはイギリスの社会学者で日本社会にも造詣の深いドーア（Ronald Dore）さんです。ドーアさんは日本で『学歴社会—新しい文明病』（岩波現代選書）と訳された本を、今から四〇年も前の一九七六年に書いていますが、その中でずばりこう書いています。重要なことなのでその個所を読んでみます。

「選別が学力テストを媒介とした間接的な素質テストによると、公然たる素質テストによるとを問わず、世代を重ねるにつれて、特に女性の解放と共に、家族同志の付き合いからというよりも、大学や職場で男女が配偶者をみつけることが多くなり、単に出身階級の次元だけでなく知能の次元でも同質的な組合せが多くなると、職業集団間の平均知能水準の較差が拡がり、社会移動が下がり、新しいカースト制度が出現するだろう。それは生物学的根拠に立つだけに、史上のどんなカースト制度よりも強固になるだろう。」（二七二頁）

ここでドーアさんが言っていることはわかりますよね。自分の結婚相手を自分で選ぶようになれば、能力の高い人は、ごく自然に、自分の結婚相手も自分の能力に見合った能力の高い人を選ぶことになるだろう。そうなれば、能力の高い者どうしの間に生まれる子も高い能力をもった子になるはずで、その子も高い能力を活かして良い成績を上げ、高い学歴を得ることになり、高い地位を獲得することになる。その逆もまた真ということになれば、その結果、ごく自然に、階層や身分が固定することになり、カースト制度ができあがっていくはずだ、ということです。このようにしてできるカースト（地位や身分の序列＝階層）は、一人ひとりの能力とカーストがマッチすることになるので、個々人の能力を活かした地位の移動はめったに起こることはなく、格差は永続的に続くことになる、ということです。私の観察でも、日本でもこのような事態はどんどん進んでいるように思いますが、実際どうなっているか、橘木さんたちが調べた結果をみてみましょう。

学歴差のある夫婦の組み合わせが格差再生産の主因

橘木さんたちは二〇一三年に『夫婦格差社会』（中公新書）という本を、続いて二〇一六年には『世襲格差社会』（中公新書）という本を出版しています。ポイントを絞ってその内容を紹介するとこういうことです。

まず、『夫婦格差社会』ですが、①男女とも相手の経済力を重視するようになっている（五二頁）。②男女とも自分と同じ学歴の人を選ぶことを当然のこととしている（五三頁）。③「恋愛結婚が九割になっていて、相手と知り合うきっかけは、友人を通して（三〇％）、職場（二九％）、大学（一二％）が七割（五六～五七頁）に上る。④その結果、夫も妻も大学卒業というペアは夫の側からは五八％、妻の側からは六四％、夫も妻も大学院修了者のペアは、夫の側で一〇％、妻の側からは四九％となっている（六五頁）。こうした傾向がはっきりしていることに加えて、近年は、さらに、⑤入学難易度が高いとされる旧帝国大学系や早慶など「名門大学」の卒業者同士の結婚が増えている（七二～七三％）とも報告しています。

大学を卒業した人たちが、自分の結婚相手をこのようにして選んでいるわけですから、中学校や高校の卒業者たちはやはり自分と同じレベルの学校を卒業した人から選ばざるをえなくなるわけで、結果として、中学校卒業者同士、高校卒業者同士のペアも増えることになります。実際、橘木さんたちの調査では、中学卒業者同士のペアが三割から四割、高校卒業者同士のペアが五割から七割ほどになっています。先に紹介したドーアさんが見通していた事態がわが国でも確実に進行していることがわかります。

続いて出された『世襲格差社会』では、特に医師や弁護士といった専門職で医者同士、法曹関係者同士の結婚が多くなる傾向もみられ、親と子の職業を通しての世襲も進んでいると警告しています。格差が親の世代から子の世代へ受け継がれるようになっているということで、社会的文化的再生産が能力格差という厄介な問題を孕みながら顕著になってきているということです。

避けてきた能力格差の直視と考察

佐田さんが見た学校現場で進行していた事態の報告や、ドーアさんが見通していたカースト制度出現の可能性について話してきました。そして、京都大学の橘木先生たちが統計資料や調査結果を分析することで明らかにしてきた実態も紹介してきました。そこからかなりはっきりわかってきたのは、わが国でも間違いなく卒業した学校のレベル、すなわち学歴の格差、もっとずばり言えば、個々人の能力の違いがもとになっての様々な格差がみられるようになっているということでした。

そのことについては、私が所属していた日本教育社会学会の研究大会などでは三〇年以上も前から調査研究の報告として発表されてもいました。ですから、研究者たちの間では、格差の根底に能力差があることについての認識がはっきりあったと言っていいのです。しかし、そのことを口に出す研究者はほとんどいませんでした。「調査したらこういう結果が出ました」と発表はしますが、そのことを問題として取り上げて深く考察したり、議論の対象にすることは意図的に避けてきたと言っていいでしょう。そのことを世間に明るみに出すことで、あれこれ反発を買うことを恐れたからだと考えています。

しかし、個々人の能力差がベースになっての格差が大きくなり、親から子へ引き継がれるようになり、その結果、階層格差や経済格差などが拡大しながら固定化してきていることが誰の目にもわかるようになると、やはり社会的な問題にせざるを得なくなってきます。そんなわけで、最近は、若い研究者たちの間から、格差問題の中核にある能力差にはっきり目を止めて考察や議論の対象にすべきである、という声が上がるようになってきました。その一人である大阪大学の吉川徹氏の言い分を紹介しておきましょう。

吉川さんは『学歴と格差・不平等』(東京大学出版会)とか『学歴分断社会』(ちくま新書)という本をまとめていますが、ここでは『学歴分断社会』を紹介しましょう。

たしかに、今、あちこちで格差が生じていることが取り上げられています。階層格差や所得格差、学力格差や雇用格差、あるいは意欲格差や希望格差、それに世代格差や地域格差などです。このように格差について世間で話題にされ問題にされてはいますが、問題の取り上げ方が個々バラバラで、何が格差の主たる基になっているかをボカしているのではないかと吉川さんは不満を表明します。そして、「こうした大切な問題を正確に論じようとするならば、これらすべてと密接に関連する学歴に目を配っておかなければまずい」(三一頁)と言います。なぜ、格差社会の根源には「学歴」(能力差)があることを隠すのかというわけです。そもそも、学歴の発生源である学校という教育機関は、一人ひとりの知識や技能に差をつけるためのもので、その意味では、学校は社会の上下差（個々人の能力差）の発生装置、言うなら「格差生成装置」であるのは事実。それなのに、なぜそのことをはっきりさせないのか、というのが吉川さんの言い分です。

私の専門は教育社会学ですが、たしかにその通りで、世界中にいる私たち教育社会学者たちは、学校は子どもたちを一斉に教育しながら、その子どもたちをできる子とできない子に選別し、能力に見合うポジション（仕事や地位）に配分するための社会的装置としてつくられたのだと見ていますし、学生たちにも授業でそう教えてきました。それなのに、その格差生成装置である学校教育によってつくり出された学歴をひた隠しに隠そうとするのは、議論の核心を逸《そ》らすことになり、核心を逸らすことが問題の解決を曖昧なものにしてしまっているのではないか、というわけです。若いだけにストレートにものを言っていて気持ちがいいですね。

それなのに、世間では、学歴を口にすることで青少年に差別感を与えてはいけないとか、大学に進学しなかった人たちを無用に貶《おとし》めるべきではないとかで、格差の核心をボカして今日まできてしまっています。しかし、それではダメで、これからはズバリ核心に迫って格差問題の本質を明らかにし、問題の解決を図るべきだといいます。そうしないと、いつまでもグズグズとラチが明かない状態が続くことになるというわけです。

私も吉川さんと同じように考えていますが、そうなると、考えをもう一歩先まで進める必要が出てきます。それは何かと言うと、さらに厄介な能力の遺伝の問題です。

目を逸らしてならぬ「遺伝子の不都合な真実」

世間ではあまり知られていませんが、行動遺伝学という学問があります。どんな研究をしているかというと、一卵性双生児と二卵性双生児を比べて、どこが同じでどこが違うかを調べてみる研究を中心に、人間形成への遺伝の影響をきちんと見据えた上で、環境の影響力も同時に見きわめることを目的にした研究です。この研究を三五年も前から行ってきた研究者がいます。その人は慶応大学文学部教授の安藤寿康という先生です。安藤先生は長年研究してきて明らかにできた事実をもとに『遺伝と教育』(風間書房)という大きな本をまとめていますが、それをもっとわかりやすくした『遺伝マインド』(有斐閣)と『遺伝子の不都合な真実』(ちくま新書)という本を書いています。そこで主張していることは、格差の問題を考える上できわめて重要なことですので、その要点を整理しながら話すことにします。しっかり理解してください。

安藤先生が「不都合な真実」と言っているのは、「人間は遺伝子を受け継ぐことで生き延び進化してきたのだから、人間一人ひとりの能力も遺伝子によって決められている」という事実のことです。わかりますよね。私たちは一人として同じ人はいませんよね。顔も体も性格も同じ人はいませんね。ですから、一人ひとりが生まれながらにもっている能力も同じではありませんね。このことは誰もがわかっている紛れもない事実です。ところが、そのことを「そうだ、その通りだ」とあからさまに言ってしまうと、社会では様々な不都合が起こってきます。すぐに考えられるのは、「キミは遺伝的に能力が低いんだから、その程度の地位や月給でがまんしなさい」とか、「アナタはもともと能力がないから、がんばってもしようがないよ」と平気で言うようになるとか、ほんどの人が「それはそうだ、当たり前だ」と同調することです。逆に、「オレはもともと能力があるんだから、これだけの待遇を受けるのは当然だ」と威張る人も出てきます。そうなると、誰もが「能力に格差があるのだから社会的な様々な格差があるのは当たり前だ」と考えるようになるでしょう。そうなると、社会全体がギスギスして居心地の悪いイヤな社会になってしまうでしょう。そうなると、社会を運営していく上で様々な不都合が起こってきますから、一人ひとりの間に能力差があることはわかっていても、無いことにし、誰も言わないし、誰も触れないようにしてきたわけです。

そこで、安藤先生は「そんなことでいいのですか。能力に個人差があるのは事実であるにもかかわらず、それを無視し続ければ、結局、社会の不平等や格差を無くすことにはなりませんよ」と、みんなに嫌がられるのを覚悟で問題を投げかけたわけです。この二冊の本には、核心をズバリ突いた大事なことがたくさん書かれています。その中で最も大事だと思うところを『遺伝子の不都合な真実』から二か所、一部省略したり、私なりに補足したりしながら紹介しておきましょう。

能力差を否認することで生じる問題性

安藤先生はこう言っています。

「遺伝子に個人差がある。それが社会的・文化的差と関係があると言うと、私を遺伝差別論者とレッテルを張る人が多い。しかし、そのように言ったり考えたりすることこそが事実上の人種差別や個人間格差を容認し助長したりしていることになっている。なぜなら、こういう人たちこそ、もし知能（能力）に遺伝的な差があることがわかれば差別してもいいと考えている人たちであるから。だから、こういう人たちは遺伝的差異はないことにしなければならないと言い続けることになる。そして、こういう主張に固執している限り、問題の本質は永久に解決されないことになる。そして、事実上の優生社会、差別社会が温存されることになる。」（一九二〜一九四頁）

「近代が考案した能力主義（メリトクラシー）という考え方は、能力と達成した業績に応じて報酬や地位を与えるというもので、万人の生まれついての能力は平等であることを前提に、機会を平等に与え、自由な競争を正当化した。そのため、競争に勝った者は勝つことで得た有利な地位を恥じることなく享受し、優越感すらもつことになった。

しかし（実際は）、（個々人の）潜在的能力には遺伝的な差異があり、その差は小さいものではない。すると、なぜ、自由競争や能力主義を正当化するのか、その理由づけを考え直してみる必要が出てくる。なぜなら、（個人差があるのに）それでも自由競争をよしとすれば、優生社会（格差社会）を手放しで容認することになるからで、そうしないためには自由と平等をどのように考えるかを考え直す大問題になる。しかし、今のところ、この大問題に対して納得できる答えは誰も出していない。」（一九六～一九九頁）

一九世紀の終わり頃から始まる学校を中心にした近代公教育制度のねらいやからくりがどんなものかよくわからないと、安藤さんの言うことがよくわからないかもしれませんが、要は、本当は遺伝にもとづく様々な能力には個人差があるのに、それをすべてないことにして、競争させて勝った人を優遇し、負けた人を冷遇するというのはおかしいではないか。そんなやり方を正しいことだとするなら、それこそ優生社会を肯定することになるでしょう。それでいいのですか、ということです。こんなやり方では、運動会で、足の速い子のスタートラインを一〇メートルも二〇メートルも先にして競走させるようなもので、勝敗はやる前から決まっているでしょう。こんな競走(争)はインチキだ、と安藤さんは言っているわけです。だから、遺伝による能力の個人差は間違いなくあることを認めて、そのことを前提として、それでも誰もが不満をもたないような社会を実現するにはどうするか、そのことを考えなければ格差問題や社会の不平等から生ずる不幸はなくならないでしょう。安藤さんが言いたかったことを私なりに言い直せばそういうことになります。格差問題の本質をごまかしたりウヤムヤにして、真の解決を先延ばしにするのは止めようと、世間の批判や反発が出てくることを承知の上で、敢えて問題の核心をはっきり表明した安藤さんの覚悟というか勇気を、その意図がわかればわかるほど、「よくぞ言ってくれた」という気になりますし、敬意を表したくなります。

その安藤さんは、この問題をどうすれば解決できるかについて、誰もが納得のいく答えをこれまで誰も出していないと言っていますが、その答えを私はこのゼミで提案するつもりです。それまで、ここで整理したポイントをしっかり覚えておいてください。

Q　どうして、一人ひとりの能力に差があることや、その能力差が遺伝によって左右されるということを無いことにしたり、触れないようにしてきたのでしょうか。

人間の能力差を否認し続けたワケ

たしかな証拠や調査の結果などがあるわけではありませんが、大きく二つぐらいの理由が考えられます。まず一つ目は、能力差を認めてしまうと、初めからがんばらない人が大勢出てくることがはっきりわかっていたからです。前にも少し話しましたが、明治維新以後、士農工商という身分制度がなくなって、誰でもがんばれば偉くなれる、金持ちになれるということになりました。「末は博士か大臣か」ということで、その気のある人は皆、勉強したり努力したりしたわけです。福沢諭吉の『学問のすゝめ』という本は明治時代の超ベストセラーになったほどです。アメリカにも「努力すれば誰もが成功する」というアメリカン・ドリームという神話があります。誰もが成功するためにがんばる。そのことが、社会が発展する原動力になったわけです。しかし、「能力は最初から決まっている」ということがわかっていれば、誰もががんばる気にはならないでしょう。結果は最初からわかっているわけですから。それでは社会が発展しないという不都合が起こるので、不都合な事実は隠したほうがいい、ということになったと考えられます。

もう一つは、競争に勝った人は、自分の努力が実ったからだとか、能力があったからだと自己認識することができて、自尊心を高めることになったからでしょうし、世間の人たちも、成功者の地位や資産をみて、あの人は能力があるから偉くなったのだとすんなり認めることになり、そのことが成功者の自尊心をさらに高めることになったからでしょう。

また、競争に負けた人は、自分に能力がなかったわけではなく、努力やがんばりが足りなかったからだとか、運がなかったからだといった理由をつけて自分を納得させ、不遇に甘んじることができたからでしょう。そんなことで、もともと能力差があることを無かったことにしておいたほうが誰にとっても都合がよかったからだと考えていいと思います。

しかし、最近は、遺伝による能力差についての偏見や考え方に変化がみられるようになってきたようです。先に紹介した安藤先生が出した新しい本（『日本人の9割が知らない遺伝の真実』SB新書）がベストセラーになっているというのです（二〇一七年一月二二日付、朝日新聞）。この本の第五章には、「教育は個人間の格差を拡大させる」とか、「教育があまねく行き届くと、顕在化するのは遺伝的な差である」とか、「生まれつき素質がある人は教育によってぐんと伸びるが、素質がない人はあまり伸びない」といったことがズバリ書かれています。こういうメッセージは、これまでは、「不愉快だ！」とか、「けしからん！」といって拒否されてきたのですが、日本人にも少しずつ受け入れる人が増えてきたということなのでしょうか。今後の成り行きを注目していくことにしましょう。

第五講　教育機会の平等と最良の教育は能力格差を解消するか

それでは今日のゼミを始めましょう。前回は今、世界各国で大きな社会問題になっている不平等ないし格差の実態、例えば、富める者と貧しい者との間に拡がっている経済格差、所得や資産の違いがもとになって決まる社会階層の上層に位置する人たちと下層にいる人たちとの間に見られる学歴や教養など文化資本の格差、文化資本の違いがもたらす教育格差、そして教育格差がベースになって生じている能力格差と遺伝との関係について話してきました。厄介なことに、このような様々な格差（不平等）が親の世代から子の世代へ、そのまま引き継がれる傾向が顕著になっていることについても話しました。今、確実に明らかになってきたそういう世の現象をひっくるめて言い表したような『格差が遺伝する！』（三浦展著、宝島社新書）という本まで出版されています。この本については前回まったく触れませんでしたが、このような本が出版されるということは、文化的再生産どころか、格差そのものが遺伝によって固定されつつある、といった認識が生まれるところまで事態が進んでいるということを示しています。

では、ここまで進んできた社会の不平等をどうしたら解消できるのか。権力のある人がいて、それに従う人がいて、富める少数の人がいて、大勢の貧しい人がいるという社会の構図は人類の歴史の相当前から見られたことで、なかなか解消できることではありません。しかし、格差そのものをなくすことはできなくとも、この世に生まれてきた誰もが、どんな階層に属そうと、どんな家に生まれようと、幸せな生涯を送ることができるような社会を実現することはできないわけではありません。ではどうすればそんな社会をつくることができるか。そのことを考えながら先に進むことにしましょう。

教育の機会を平等にすれば、特に高等教育を受ける機会を平等にすればいいとよく言われますが、果たしてそうでしょうか。まず手始めに、そのことを考えてみましょう。

ほぼ達成されている教育機会の平等

世界的に一九世紀の終わり頃（一八七〇年代）から始まった義務教育といわれる制度（近代公教育制度）は、始めた最初から、その国に生まれたすべての子どもを等しく教育することを目的にしていました。言うなら、誰にでも教育の機会を平等に与えることを第一の目的にしていたということです。しかも、学校で勉強したいと希望する子だけではなく、希望しようがしまいが、ある一定の年齢に達した子ども全員を強制的に学校に入れて教育することにしたのです。そういう教育を日本では義務教育と言っているわけですが、英語ではずばり強制教育（Compulsory Education）と言っています。この時点で、すでに、少なくとも初等レベルの教育を受ける機会は平等に与えられたということです。

その後、各国とも、義務教育の期間を初等レベルの小学校から中等レベルの中学校へ延長し、さらには高等学校、大学へと進学する機会も拡大してきました。日本でも同じように、義務教育は九年間になりましたし、高等学校の進学率も相当前からほぼ全員が入学するようになっていますし、大学への入学者は該当年齢人口の希望する高校生の半数が入学できるようになっています。こうして教育の機会そのものは現時点でほぼ等しく与えられていると言っていいほどになっています。日本では、高等学校での教育は九九％近くになっていて、準義務制になっていますし、大学進学率も五〇％を超えるまでになっています。ということは、アメリカの社会学者のマーチン・トロウさんの見方に従えば、すでにユニバーサル段階にまで達しているということになります（『高学歴社会の大学―エリートからマスへ』東京大学出版会）。ですから、高等教育レベルでも教育機会の平等は実質ほぼ達成されていると見ることもできます。

誤解のないように言っておきますが、だからといって、私が、これ以上教育機会の平等を進める必要はないと言っているわけではありません。大学で学ぶだけの能力があって大学に進もうとしている人も、家庭の経済事情で進学できない人が少なくないのも事実です。ですから、できるだけ多くの高校生が大学に進学できるようにするのは当然のことだと考えています。

しかし、私が、しっかり考えなければならないと言っているのは、教育機会を平等にしたら、あるいは、さらに一歩進めて、進学希望者全員を無償で大学に入学させたら能力差は解消されるかということです。仮に、日本の最高学府と言われる東京大学に、希望者全員を入学させて四年間学ぶ機会を与えたら、能力差が解消され、誰もが同じ水準まで能力を伸ばせるかということを冷静に考えてみる必要がありますよ、と言っているわけです。世の格差問題を解消するには、教育の機会を平等にすることだけでいいのですか、と言いたいわけです。だから、敢えて、厄介な問題を投げかけているのです。次に進む前に、まず、そういう私の意図を理解してください。

先ほども言いましたように、日本に限らないことですが、義務教育レベルから高等教育のレベルまで教育の機会均等はほぼ実現されています。にもかかわらず、というより教育機会の平等が広く実現されるにつれて、むしろ格差が大きくなっているというのはどういうことか。このことをしっかり考えてみる必要があるということになります。

最良の教育の条件とは

教育の機会を平等に与えることはほぼ実現できた。しかし、その機会を活かして等しく学んだ子どもたちが卒業して社会に出ると、そこにはっきり所得格差なり階層格差なりが生じるというのはどうしてか。教育の機会は均等になったけれども、教育の条件ないしは教育のやり方に差があったから格差が生じたのだ、と考えることができますね。受けた教育の条件あるいは教育の質が悪かったから格差が出たということです。では、教育の条件をしっかり整え、誰に対しても最良の教育を施せば格差はなくなるのでしょうか。次にそのことを考えてみましょう。

よき教育の条件とはどんなことか。古来、多くの教育学者や教育者たちがよき教育とはどんな教育かを論じてきました。皆さんもよく知っているペスタロッチとか、ルソーとか、デューイといった人たちです。もちろん日本にも理想の教育を語った人はごまんといます。教育学のゼミではありませんから、ここでそういう人たちがどんなことを言ったり論じたりしたかは紹介しません。様々な人たちが言ってきたことを私なりに整理してみると、よき教育とは次のような条件を備えていることになるのではないでしょうか。

まず、最良の教育の外的条件としては、

① 自然に恵まれているなど学校が位置している環境がよいこと。
② 教育の場である学校などの施設設備が整っていること。
③ 有能でかつ教育に意義と熱意をもっている教師がいること。
④ 教師一人当たりの児童生徒の数が少ないこと。
⑤ 教育の場が外部に対して開放されており閉塞感がないこと。
⑥ 十分な予算措置をして実践を支える教育行政機関の協力があること。
⑦ 保護者はじめ地域住民の協力と支援があること。

また、最良の教育の内的条件としては、

① 子ども一人ひとりの個性や能力に応じた教育を大事にしていること。
② 子ども一人ひとりの興味や関心を大切にしていること。
③ 子ども一人ひとりの学ぶペースや進度を大事にしていること。
④ 子ども一人ひとりの意志や都合を尊重していること。
⑤ 子ども一人ひとりの能力や可能性を大事にして教育していること。
⑥ 学ぶ子が自由に伸び伸びと学べること。
⑦ 学ぶ子一人ひとりが自分が大事にされていると実感できていること。

⑧　学ぶ子が教師と一緒に学べることに絶対的な信頼を置いていること。
⑨　学ぶ子が学ぶことによって自信と自尊心を高めていること。
⑩　学ぶ子が自分の将来に明るい希望をもっていること。

などを挙げることができると思います。全部で一七項目挙げましたが、このような条件を満たす教育であれば最良の教育が施されていると言えるのではないでしょうか。

では、このような条件を満たすような教育は実際にできるものか。誰もがそう思いますよね。外国には、例えばイギリスのサマースクールとか、ドイツのシュタイナー学校などがあります。私はどちらの学校も訪問したことがありますが、わが日本にもこうした条件を備えた教育を行っている学校がいくつかあります。そのいくつかの学校を紹介している本もあります。瀬川正仁さんという方が二年ほどかけて直接その学校を訪問し、そこで学んでいる児童生徒や教師や卒業生たちに取材しまとめたものに、『教育の豊かさ　学校のチカラ―分かち合いの教室へ』（岩波書店）という本があります。瀬川さんはこの本の冒頭で「本書では、文部科学省が『学校』と認めている教育機関の中で、自分たちのポリシーを貫き、児童生徒一人ひとりと真剣に向き合っている、と感じられた教育現場を紹介することにした。」と書いています。ですから、この本で紹介されている七つの学校はすべて公立の学校です。ということは、公立の学校でも気概とそれを支える思想さえあれば最良の教育はできるということです。

間もなく創立四〇周年を迎えることになりますが、私もそういう気概と思想をもってユニークな学校を立ち上げることに最初から関わり協力したことがあります。今でも評議員の一人として学校の維持に協力していますが、その学校は「白根開善学校」という群馬県の山中、有名な草津温泉からさらに二里（八キロ）くらい山奥にある全寮制で中等部と高等部のある学校です。私の大学院時代の先輩で本吉修二さんという人が創立者です。私は本吉さんと二人で、新しい学校を創る計画書をつくったのを今でもはっきり憶えています。「開善学校」という学校の名前は、「どの子も〝善きもの〟をもっている、だからその善きものを開いてあげるのが教育だ」という本吉さんの教育哲学をそのまま校名にしたものです。そこでどんな教育をしているかは学校の名前だけでわかるでしょう。現在、生徒数は四〇名ほどで、生徒二人に先生が一人という学校です。私立の学校ですが、先ほど挙げた最良の教育の条件を備えた学校の一つに挙げていいと思っています。こういう私の経験からも言えることですが、苦労は強いられますが、最良の教育条件を備えた教育は、その気になればできるということです。

最良最善の教育は能力差を拡げる

最良の条件を備えた教育を行っている学校は現にありますし、文部科学省がその気になればそういう教育はいくらでもできるでしょう。しかし、私たちがしっかりと見きわめなければならないのは、そのような教育を徹底して行えば、子どもの能力差を解消することができるか、ということです。そういう教育を実際に行えば、一人ひとりの能力の差や、それに伴う様々な格差を無くすことができるか、ということです。

一人として同じ人間はいないというのが紛れもない事実です。能力の面でも生まれてくる子どもたちの誰もが同じ能力に恵まれて生まれてくるわけではないというのが、不愉快でもあり不都合でもありますが、事実です。繰り返しますが、残念ながら、子どもたち一人ひとりは能力差をもって生まれてくるというのが事実なのです。このような、否定しがたい冷厳なる事実を踏まえて考えれば、「どの子にもよき教育を施せば、すべての子の能力を同じレベルにまで伸ばせる（引き上げる）ことになる」とは言えない、という結論になるはずです。

その子を懸命にがんばらせれば、あるいはその子の努力を皆で懸命にバックアップすればできると考える人もいます。しかし、そういう努力にも限界があると考えるのが自然でしょう。高い能力に恵まれて生まれてくる子どももいれば、その一方、親も本人も望んだわけでも選択したわけでもないのに、生まれながらにハンデ（障がい）をもって生まれてくる子どもも少なくありません。残念であり悲しいことですが、それが事実です。そういう事実から目を逸らさず考えれば、最良最善の教育をどの子にも等しく施したらどういう結果になるか。認めたくないとしても、結果としては、能力差はさらに拡大することになるのは明らかです。先天的に高い能力に恵まれた子は、ベストな教育を受けることでその能力をさらに大きく伸ばすことになり、ハンデを背負って生まれた子や高い能力に恵まれなかった子は、その伸びしろはさほど大きくないため、その分、もって生まれた能力差はむしろ大きくなります。すべての子どもに最良最善の教育を施したとしても能力差を縮めるまでには至らない、と考えるのがごく自然なことなのです。

能力差を前提とする社会力育てがすべての人間を幸せにする

そういう事実が冷厳なる事実としてある以上、そういう事実を不都合だからと言って否定したり、無いことにするのではなく、私たちは、その事実をしっかりと踏まえ、それでも誰もが等しく自分が望む善き生を全うできるようにするにはどうすればいいかを考える必要があるということになります。

なぜ私がそのように考えるようになったかを少し話しておきましょう。私は小学校に入学したときから優しい先生に恵まれたこともあって、小学校五年生のころ「僕も大きくなったら先生になる」と決めていました。そして進んだ大学が「教育の総本山」と言われていた東京教育大学教育学部教育学科というところです。東京教育大学には小学校、中学校、高校はもちろん、盲学校、聾学校、特別支援学校など全部で一一の付属学校がありました。学校といっても様々な学校があることを知りました。

その東京教育大学は一九七八年度で廃校になり筑波大学として移転しましたが、付属学校はそのまま残りました。縁あって、私は母校の先生になりましたが、そこには教育学の他に、心理学や心身障がい学を研究する先生たちが多くいていろいろと教えてもらえました。障がいをもって生まれてくる子どもたちについての関心や知識もそこで身についたと言えます。

そんな私が六年前、思いがけず、茨城県の美浦《みほ》村の教育長になりました。そして、村にある県立の特別支援学校を訪ねる機会も多くなりました。また、教育長として障がい児就学援助委員会（後に教育支援委員会）にも出ることになりました。この委員会は、子どもたちが保育所や幼稚園から小学校に入るとき、そのまま村の小学校の普通学級に入学させてもいいか、それとも県立の特別支援学校に入学させたらいいかを判断し決定する委員会です。そこで保育所の先生や幼稚園の先生の説明を聞きながら、どうしてこの子はこのような子として生まれることになったのか、この子はこれからどんな大人になり、どんな生涯を送ることになるのかをあれこれ考えることになったわけです。実際に特別支援学校を訪ね、そこで学ぶ子どもたちの様子を見ることもしました。その一方で、卒業生のほとんどが東京大学に進むという付属の高等学校を訪ねる機会も多くありました。そして、先に話した白根開善学校にも多様な能力をもち、様々な事情を抱えた子どもたちが入ってきて、自分なりのペースで勉強しています。高校を卒業してすぐに就職する生徒もいれば、アメリカの大学に進学する子もいます。なかには、私の大学の教え子がつくば市で立ち上げた、障がい者の共同生活体ともいえる「自然生クラブ」というNPO法人で共同生活をしている知的障がいや情緒障がいといったハンデを背負って生まれてきた子もいます。

一方にエリートの道をひた走る人間がいて、片方にハンデを抱えたまま生きていかざるを得ない人間がいる、という現実を目の当たりしてきたとも言えます。そんな多様な子どもたちがいることを間近かに見ることで、私は、生まれながらの能力差について考え、その差に伴うこれからの人生について考えることになったわけです。

私の考えは次の次の回あたりに詳しく話しますが、先取りして言っておけば、この世に生まれてきたすべての人が幸せな一生を送れるようにするには、すべての人の社会力を高めることで、互恵的協働社会を実現するしかない、というのが私の考えた結論であり、世に提案したいことです。

Q　そういうふうに説明してもらうとなるほどそうだと思います。なのに、その問題をどうしたら解決できるか誰も納得できる答えを出していないということでしたね。どうしてこれまで答えを出せなかったのでしょうか。

人間の生き方を抜きにした格差是正論の不備

他の人たちがこの問題をどれだけ深刻な問題だと考えたかよくわかりませんので当たっているかどうかわかりませんが、この問題を人間の生き方の問題、生き方に関わる倫理や教育の問題として考えなかったからではないかと思います。

前回紹介したドーアさんは、今から四〇年も前に、『学歴社会―新しい文明病』の最後の最後に、「人間の平等の欲求と能力の多様性との調和」に失敗したら人類は恐竜の後を追って地球上から姿を消すことになりますよ、と書いていました。私はこの本の日本語版が出版されてすぐに北海道新聞社から書評を頼まれ、この本をじっくりと読み込みました。以来、私は、教育の問題を社会との関わりの中で考える教育社会学を研究する者の一人として、この問題に答えを出すことを研究の課題にしようと勉強してきました。そこで辿り着いたのが「社会力」という概念でした。次回以降、詳しく説明するつもりですが、人間の社会力を育てることで互恵的協働社会を実現することが、この難問を解決するために出した私なりの答えです。

私はこのような結論に辿り着いてから、「社会力シリーズ」と言ってくれる人もいますが、「社会力を育てましょう」と提案する本を『子どもの社会力』（岩波新書）を最初に一〇冊ほど出してきました。そうしながらも、同じようなことを言っている人がいないか、あれこれ探したり勉強したりしてきました。例えば、格差問題について最も精力的に研究されてこられた橘木先生の本もほとんど読みました。先生も先生なりの格差解決の処方箋を提案していますが、職能給制度の導入とか、ワークシェアリングの採用とか、奨学金制度の見直しとか、税制と社会保障制度の改革など、ほとんどが制度の改革になっています。先生の提案がこういう制度改革に止まるのは、僭越ながら、経済学者としての限界なのかなと考えてもいます。というのは、経済学者が想定している人間とは、「人間は誰も自分の利益を最大にするために合理的に判断し行動を選択するものである」としているからです。その点、インド出身の経済学者のアマルティア・センさんは『合理的な愚か者―経済学=倫理学的探究』という本を書いているくらいですから、人間の多様性に目を止めた提案をしています。センさんの考え方については第九講あたりで詳しく紹介することにします。

この問題に教育の観点から考えている人がいないわけではありません。前回紹介した吉川徹さんと安藤寿康さんです。吉川さんは近代公教育制度の支柱として作られた学校はそれ自体「正規の格差生成装置」ですよ、と断定していましたよね。だから教育機会の均等を実現したくらいではラチが明きません、もっと踏み込んで、学歴格差や能力差を無くすことはできないのだから、お互いを補い合い支え合う共生関係、お互いを尊重し共生していく道を探らなくてはなりません、とまで言っています。まさに、私が考えている、互恵的協働社会を目指すしかありませんと言っているようなものです。心強い味方を得たように思っています。

この問題の解決にさらに一歩踏み込んでいる人がやはり前回紹介した安藤さんです。安藤さんは、人間はもともと互恵的協働社会を実現する可能性を備えていますよ、と言っています。どういうことかと言うと、「ヒトという種は進化の過程できわめて利他的な動物として出現したのです、ヒトは本性として互恵的利他的な動物なのです」と言っているのです。すでに紹介した安藤さんの本を読んだときは、これまた心強い味方を得たと思いました。

もう一人、経済学の観点から、この問題を考えた人がいます。埼玉大学名誉教授の暉峻淑子さんです。『格差社会をこえて』（岩波ブックレット）で、「人間はもともと争うよりも助け合うことに喜びを感じるようにできている」のだから、人間連帯の社会をつくることはできるし、そのために、共に支え合い、補い合う価値観を尊重する方向に転換する努力をすることだと。この本を読んで、やはり、強力な援軍を得たように思いました。

このような強力な援軍があることでもありますから、私の考えている互恵的協働社会について、第八講あたりで丁寧に話すことにしましょう。

第六講　社会力育てが、なぜ、諸々の難問を解決する決め手なのか

競争を奨励した産業社会と拡がる格差

この世に生まれた人間は誰一人として同じではない。だから、顔や声や性格がそれぞれ違うように、もって生まれた能力にも違い（差）があるのは当然のことであり、紛れもない事実です。それなのに、長い間、社会はそのことを「ない」ことにしてきました。人間の能力は生まれながらにして決まっているのだとはっきり認めると、社会をつくっている全員に競争させることで、社会を発展させる動力にしてきた近代産業社会にとってはマイナスになると考えたからでしょう。競争させても、自分はさほど能力に恵まれてはいないとわかると、早々と競争から降りる人が多くなるからです。

そうなっては困るので、近代社会では、人間は生まれながらに平等であると教え、等しく教育を受ける機会も与えてきました。がんばれば、努力すれば、誰もが偉くなれるし、お金持ちにもなれると励まし鼓舞してきました。しかし、いくら励まし、がんばらせても、もって生まれた能力の差はいかんともし難く、能力に応じて、社会での仕事や地位が決ま

り、それに応じて、収入や名誉や世間での評価も決まるという結果になりました。そういうことが親から子へ、世代を通して代々続いた結果、経済的な格差ばかりでなく、文化的な格差や能力面での格差までもがはっきりと現れるようになったわけです。

このゼミの第四講で話したように、第二次世界大戦が終わって三〇年経った一九七〇年代後半あたりから、「文化的再生産論」として格差問題が先進諸国を中心に大きな問題になってきました。社会の階層で、上位を占める家族と、下位に低迷している家族との間に、経済面でも、文化や教養の面でも、能力の面でも格差が拡がってきており、世代を通して固定してきていますよ、という調査の結果が各国で次々に報告されるようになったわけです。そのことも第四講で詳しく話しましたね。

「互恵的なつながり」こそ能力格差を解消する

そういう事態が進んでいることに早くから気づいていたドーアさんは、「今や生物的根拠にもとづいた史上最強のカースト制度が出来上がりつつありますよ」と警告していたこともう話しましたね。そのドーアさんも、そうならないためにどうすればいいかを必死に考えたのですが、結局いい案を思いつくまでには至らず、誰もが「自分も偉くなりたい、お金持ちになりたい、みんなに尊敬されたい」と願う平等欲求と、人間と人間との間にあるどうしようもない能力差にどう折り合いをつけるか、そのための具体案を考え、実行に移さないと人類の将来はありませんよ、と警告していたわけです。

このような難問を解決するにはどうしたらいいか。私なりに考えて辿り着いた結論が、社会をつくっているすべての人たちを「社会力ある人間」として育てることでした。なぜそう考えたのか、説明することにしましょう。

何度も言ってきたように、人間誰もが同じ人間として生まれてきてはいません。ですから、能力の面でもそれぞれ違いがあります。「違いがある」ということは、ある人たちはとてつもなく高い能力に恵まれて生まれてきますし、反対に、ある人たちはそれなりの能力をもって生まれてくるということです。なかには生まれながらにして身体や知能にハンディキャップ（障がい）を背負って生まれてくる人もいます。誰もがそのような能力をもって生まれてくることを望んだわけでも、選んだわけでもありません。ですから、自分がどのような能力を備えて生まれてきたかについては何ら個人的な責任はありません。たまたまそのような能力を備えていたというにすぎません。ですから、本来、そのような能力差が、後々、どのような仕事をすることになるか、どのような地位に就くか、どれだけの所得を得ることになるか、どれだけの尊敬を受けることになるか、といった社会的な様々な格差に密接に関係することになったとしても、それに伴う自己責任を問われることはないはずです。原理的に考えれば、そういうことになりますよね。

ところが、近代の産業社会のもとでは、地位や所得に差が出た（格差が生じた）のは「キミの努力が足らなかった」からだとか、「がんばらなかった」からだとか、「不運なことに、いい親やいい家庭に恵まれなかった」からだとか、「自己責任だ」と言って、本人の責任を問われることになっています。そうなったのは自分のせいなのだから諦めなさい、文句は言うなというわけです。もともと能力に差があったのだから、それぞれがその能力を精一杯発揮すれば、成績とか業績の差となって現れるのは当然のことです。どう教育の機会を等しくしても、成績や業績を評価するやり方を工夫しても、差が出るのは避けられないことです。だとしたら、互いの関係をよくすることで、すなわち互いの人間的つながりをよくすることで、格差に伴う利益や不利益を無きものにするしかないという結論に辿り着きます。もっと具体的に言えば、能力に恵まれたものが、その能力を活かすことで得た社会的な利益（例えば、地位や収入や権限）を、たまたま能力に恵まれずに生まれてきた人がそのことで受けることになる不利益を補うことにするしか、能力差に伴う不平等を解消することはできないということです。そうすることでしか、この世に生まれてきたすべての人が幸福な人生をおくることにはなりませんよ、ということです。念を押せば、すべての人の社会力をしっかり育てることで、互恵的協働社会を実現する。そうすることでしか格差問題を解消させることができません、ということです。これが私が辿り着いた結論になります。

恵まれた能力を他者のために活かす倫理

繰り返しになるかもしれませんが、もう一度、別の観点からこのことを考えてみましょう。どうすれば、能力に恵まれた人が、そうでない人のために、恵まれた能力を活かすことができるのかということです。誰もがそのようなことを〝人間としての倫理〟としてもつことができるようにするにはどうしたらいいかということです。

このことを真剣に考えた人がいます。ハーバード大学で社会倫理学を研究し教えていたジョン・ロールズ（John Rawls）さんという人です。ロールズさんが長年の研究成果を『正義論』という枕にできるような分厚い本にまとめて出版しました。一九七一年のことです。この本は、出版と同時に世界的に注目されることになりましたが、この本の中でロールズさんは大事なことをいくつか提案しています。

例えば、①誰に対しても、基本的な自由が平等に保障されていなければならないとか、②社会にある不平等は、(a)その不平等が社会で最も不遇な状態にある人たちにとって利益が最大になると認められる場合と、(b)職位と地位を獲得する機会が誰に対しても等しく保障されている場合を除いて、すべて無くさなければならない、といったことです。

同時に、③社会生活を営み、善き生を実現するための基盤となる基礎財は平等に配分されなければならない、ということも主張しています。そのような提案の中で、私が一番重要だと思っているのが、④能力に恵まれて生まれてきた人は、その能力を活かして多くの利益を得たとしても、それを自力で獲得したのだと考えるべきではない、という主張です。ロールズさんは、自分がもっている優れた才能や能力は自分が努力して得たものではなく、たまたま、そのような能力に恵まれて生まれたという幸運によるものであると考えなさい、と言っているわけです。反対に、生まれつきハンデを背負って生まれてきた人もいるわけで、何らかの障がいをもって生まれてきた人も、たまたまそうなったことではまったく同じですよね。だから、能力に恵まれて生まれた人は、その能力を自分の利益や幸福のためだけに利用するのではなく、そうでない人が、自分の善き生を実現するためにがんばっているのがわかったら、その人のがんばりを援助するようにその優れた能力を活用しなさい、とロールズさんは提案したのです。そうすれば、社会の中にある様々な格差による問題も解消されるでしょうと。

私は、一九九二年から一年間イギリスで大学の客員教授として過ごしました。そのときに知ったことですが、イギリスの優秀な人たちは、たいがい、イギリスの名門大学であるオックスフォード大学やケンブリッジ大学を卒業しますが、卒業してどういう進路を選ぶかというと、最優秀と自他ともに認める人ほど英国国教会の司祭の道を選ぶというのです。自分の優れた能力を、万民の幸せのために使いたいということで、教会の牧師の道に進むというのです。

皆さんもフランスやイギリスにノブレス・オブリージュ（Noblesse Oblige）とか、ノーブル・オブリゲーション（Noble Obligation）いう言葉があるのは知っていますよね。社会の高い位置を占めている高貴な人たちは、それに伴う義務を果たさなければなりませんという意味で使われています。その場合の義務とは、遺産や遺伝に恵まれなかった多くの人たちのため（利益）になるようなことを進んでやりなさい、ということです。もし、オックスブリッジの最優秀者がノブレス・オブリージュの精神でそのような進路を選んでいるとしたら、ロールズ教授の提言を実際に実行している人たちが現にいることを示しているわけで、これからの社会や人間のあり方を考える上で大変いいヒントになるのではないでしょうか。

個々人の能力差を、個人と個人の相互尊重の関係に転換する

ロールズ教授の提案をさらに一歩進めて提案をしている人がいますので紹介しましょう。

その人とはアメリカのコロンビア大学の教授で政治思想の研究者のデイヴィッド・ジョンストン（David Johnston）博士です。ジョンストン博士は新しい提案を「正義」について論じてきた主な学者たちの議論を整理し検討した本（押村高他訳『正義はどう論じられてきたか』みすず書房）を二〇一一年に出版しました。ロールズ博士の本（『正義論』）から丁度四〇年経ってから出た本ということになります。ジョンストン博士は、もちろんロールズ博士の本を丁寧に読んでいますし、個々人の能力差を踏まえたロールズ博士の提案を基本的に高く評価しています。しかし、ジョンストン博士に言わせると、ロールズ博士の言う「能力付与偶然説」をもう一歩進めて、「能力差がある人間同士が、どうやってその差を克服し、お互いの関係を取り結び維持していくか」という肝心のところまで踏み込んでいないことに不満があると言います。ロールズさんは、能力に恵まれ人たちは、能力に恵まれなかった人たちの利益のために、恵まれた能力を活用し、助けなさいとは言っているけれども、その場合、「能力に恵まれた人たちの一団（仮想の集合体）」と「能力に恵まれなかった人たちの一団（仮想の集合体）」との抽象的なレベルの関係に留まっていて、個人対個人の直接的で具体的な関係にまでは言い及んでいない点が問題だ、と言っているわけです。もっとわかりやすく説明すれば、「高能力のAさん」と「低能力のBさん」がいたとして、この二人はどういう関係であったらいいのか、二人はどういう関係で交流したらいいのか、その関係はどうあるべきかについてまでは踏み込んで検討していないではないか、ということです。

そこで、ジョンストンさんが提案するのは、私なりの解釈を入れて、やや硬い言い方をすれば、「両者の間の利益供与が非対称的であろうとも、お互いの相手に対する尊重の念に変わりはない」という関係を維持することこそ社会的正義ではないかということです。

そんな関係をジョンストンさんは次のような例を挙げて説明しています（訳書、二四八頁）。

もし、養護施設にケア（助け）を多く必要とする女性の知人がいたとして、私が彼女のもとを度々訪れ、彼女の好きな美味しいものを差し入れたり、面白い読み物やレコードを持って行ってあげたりしたとすれば、私は彼女に相当の利益を施したことになる。それに対して、彼女が同等な財や厚意によってこれらの利益に報いることをしなかったからといって、彼女が私に不正義を行っているとするのは適切ではない。彼女が時折、私に感謝の言葉を口にするだけで十分〝正義を行っている〟とするのは十分理に適っているし、そのような感謝の仕方は彼女の〝能力に見合う〟ものだ、と言います。

このようなジョンストンさんの説明を聞けば、「正義の概念の中心を占めるべきは、市民間の相互尊重や、相互性の社会的関係という考え方なのである」、「人間関係の（直接的な）相互性への強い関心こそが、正義の説得的な理論の最大の特徴になる」（二四八頁）という言葉に肯《がえん》ざるをえなくなります。

私が、この世に生まれた誰もが、それぞれの〝善き生〟を実現して幸福な生涯を送ることができるようになるためには、人が人とつながり社会をつくる力としての社会力を育てることによって互恵的協働社会を実現する必要がある、と言い続けてきたことと、ジョンストンさんの正義論は、考え方としてかなり近いと考えています。

Q　ロールズさんが、高い能力をもって生まれるかそうでないかは偶然によるものだと強調したことがとても重要なことはわかります。しかし、一方で、前回話してくれましたが、ドーアさんは、女性の高学歴化が進み、男性も女性も、自分の意志で結婚相手を決めるようになって生物学的な根拠にもとづくカースト制度が出来上がってきていると言っているわけです。ということは、高い能力の子を産むかどうかは、自分の配偶者に誰を選ぶかで自由に決められるとも言えるわけですね。そうなると、能力差が出るのは偶然ではなくなって、自分の意志で選べるということになりますね。そうしたことはど

う考え、どう対応したらいいのでしょうか。

新しいカースト制度が進んでいるからこその社会力育て

重要なことに気づきましたね。ドーアさんもロールズさんの提言は知っていて、そのことを踏まえて敢えて問題提起したわけです。そして、ドーアさんの警告を知ってから私がずっと考えてきたのは、どのような教育をすれば、その問題を解決できるかということでした。

質問されたように、ロールズ博士は高い能力を備えて生まれてくるかそうでないかは偶然そうなったことだと強調しました。そういうことを知っていたドーアさんは、でも、近年は能力の高いもの同士で自分の配偶者を選ぶようになっているため、意図に基づいた新しいカースト制度ができつつある、それをどうするかというのがドーアさんが投げかけた新しい難問だったわけです。「その難題に教育学者はいい解決策を出せるか」ということを私は長い間、自分の研究の中心的な課題にしてきました。そして、私が辿り着いた結論というか解決策が、社会力をしっかり育てるしかないということです。能力差を超えて一人ひとりがよい関係をつくること、互いに信頼し合い、助け助けられる関係をつくること、能力差にもとづく格差や差別の問題を解消するにはそうするしかない、というのが私の出した結論です。意図的なカースト制度ができつつあるからこそ、社会力を育てることを懸命にやり続けるしかない、というのが私の出した解決策になります。

ジョンストンさんの話もしましたが、相互尊重をベースにした個人と個人のよき関係をつくることが大事というジョンストンさんの考えも同じようなものと私は理解しています。二〇一六年七月、神奈川県相模原市の障がい者施設で一九人が殺されるという悲惨な事件が起こりました。障がいをもって生まれてきた人間は生きている資格はない、というのが殺した理由だったということですが、とんでもないことです。

この事件のことをヘイト・クレイム（hate crime）と言う人もいます。ヘイト・クレイムという英語を直訳すれば〝憎しみの犯罪〟となります。どういうことかといえば、人種や民族、宗教や文化など、自分とは異なる属性をもった人を嫌ったり憎んだりして暴力を加えたり、殺したりする犯罪のことです。相模原の事件も、障がいをもって生まれてきた障がい者を忌み嫌って亡き者にしようとして殺したということで、明らかにヘイト・クレイムと言えると思います。私がいう社会力が育ってさえいれば、またジョンストンさんが言うように、互いに相手を尊敬するような関係ができていれば、そういうことは絶対に起きなかったでしょう。そのことは確信をもって言えます。だからこその社会力育てなのだと、今こそ強調しなければならないと思っています。

波紋を拡げたローマ・クラブの警告

社会力を育てることがなぜ格差問題を解消することになるかについて説明してきましたが、あと一つ、なぜ社会力をしっかり育てることが、人類社会が産業化を進めることで抱え込んでいる難問を解決する鍵になるかについて話しましょう。

今からもう四五年以上も前のことになりますが、一九七二年にローマ・クラブというスイスに本部を置くシンクタンクが「成長の限界」というレポートをまとめ発表しました。このシンクタンクは世界各国の科学者、経済学者、政策立案者、企業経営者たちが集まって知恵を出し合い、公害や環境問題、天然資源の枯渇化や貧困問題など、人類が直面している様々な問題を解決するにはどうしたらいいかについて研究することを目的にした民間組織で一九七〇年にスタートしました。その研究成果をまとめたのが先のレポートでした。このレポートは各国語に翻訳されて読まれ、世界各国で大きな話題になりました。なぜ、話題になったかと言えば、このレポートが出した結論が、「このまま経済成長を続けていったら人類社会は一〇〇年以内に破綻します」と予言していたからです。

この「成長の限界」というレポートが出され日本語訳の本が出版されたとき、私は日本経済新聞社の社員として仕事していましたから、経済界に与えた衝撃がかなり大きなものであったことを覚えています。このレポートの発表が第一次オイル・ショックと時期的に丁度重なったこともあって、大きな衝撃を与えることになったわけです。当時、日本はまだ高度成長期の時代でしたから、「大きいことはいいことだ」「消費者は神様です」といった広告やテレビ・コマーシャルがまかり通っていました。そこに、いきなり、「成長の限界」というメッセージとオイル・ショックがほぼ同時に出てきたわけですから大騒ぎになるのは当然でした。実際、石油がなくなるとトイレットペーパーもなくなるというので、スーパーでトイレットペーパーを買い占める人も大勢出てくるという事態が起きたほどです。

時を同じくして、ドイツ生まれの経済問題の研究者であり実務者でもあったシューマッハー（E. F. Schumacher）という人の『スモール イズ ビューティフル（少ないことはいいことだ）』という本が出版され評判になりました。この本は、「成長の限界」が警告したと同じように、近代産業社会が進めてきた経済成長を目的にした科学技術の発展に伴う工業化のせいで、今や自然や環境が破壊され、資源の枯渇化が進み、人口増に伴い貧困層が増え、飢えに苦しむ人も増えている。こうした状況を無くすためには、資源を食いつぶすような生産の巨大化や大量消費を伴う経済成長は止めて、身の丈にあった経済活動に切り替えないといけないと主張するものでした。

経済成長を続けた末の悲惨な帰結

同じような内容の主張はその後、ダグラス・ラミス（Douglas Lummis）さんとか、セルジュ・ラトゥーシュ（Serge Latouche）さんとか、マーサ・ヌスバウム（Martha Nussbaum）さんとか、アル・ゴア（Al Gore）さんとか、ここでいちいち紹介はしませんが、多くの人たちによってなされてきました。しかし、残念であり、情けないことでもありますが、今日現在、経済成長を止める方向に向かって実際に舵を切るところまでは進んでいないのが実状と言っていいでしょう。

そんな現状を憂えて、「成長の限界」をまとめる研究にも参加していたヨルゲン・ランダース（Jorgen Randers）さんは、「成長の限界」から四〇年経った時点で、これから四〇年後の二〇五二年の地球がどうなっているかを予測することにしたと言います。そして、その結果を『2052—今後40年のグローバル予測』（日経ＢＰ社）という本にまとめていますので紹介しておきます。

ランダースさんは、一九七二年に「成長の限界」を世に問うた後も、「この小さな惑星に生きる人類の未来」を心配し続けていたと言います。そして、指導的な立場にいる人たちは、「成長の限界」の忠告を聞き入れて、今後の生き方の方針と行動を変える賢明さをもち合わせているだろうと期待していたとも言います。その後も、できる限り、新しい施策を講じるよう説得してきたとも言います。しかし、期待は裏切られ、今では「誰ひとり、人類に何ら手立てを打つつもりはないのだと確信するに至った」と言います。要するに、どうすれば危機的状況に至らずに済むかがわかっていながら、誰も具体的な手を打とうとしないことがわかったというのです。

このような大きな問題を解決するには、政治の力が重要なのに、政治的な決定に関わる肝心の政治家が、長期的な展望をもってものを考えるより、自分の次の選挙のことしか考えようとしないこと、また政治家を選ぶ多くの有権者（大衆）も自分の明日の暮らしをどうするかのほうが大事で、経済成長を続けると公言する政治家につい票を投ずるということになり、結果として、政治的決断は先送りになってしまうことになるからだ、とみているのです。これからもこういう事態が続く限り経済成長路線から抜け出ることはありえず、こうなると、指導的立場にある政治家が実行するのは負けを先延ばしにすることだけ、要するに、他の国が沈没しても自分の国だけは最後まで浮いていられるようにしようという〝最後に負けるための競争〟をするだけということです。

何とも切ない情けない話で、多数決で物事を決める民主主義が孕む厄介な問題でもあります。そういうことで、ランダースさんは、努力も空しく自分の負けを認めざるを得ないと嘆いています。

こうして新しい方向に舵を切る政策を取ることなく、このまま経済成長路線を続けていく末に辿り着く二〇五二年時点での地球は「非常に暗い」もので、ランダースさんは、肝心の経済成長は滞り、失業と不公平はますます拡大し、貧困層は増え、化石燃料の大量消費による温暖化によって気候の変動は著しくなり、生物の多様性も著しく損なわれると予想しています。そして、「個人が自らの利益を追求することが、結局は、全体の利益になる」という古典経済学が立てたこれまでの常識を覆さなければ、人類社会の未来は暗くなるしかないとも警告しています。では、人類が健全に生き延びていくために他に方法はないのか。社会力の可能性について考えてみましょう。

一〇〇億人になる世界の人口

今現在、人類社会が抱え込んでいる難問とは何か。多くの人たちが挙げていることでもありますが、私が想定しているのは大きくは三つです。まず大量生産大量消費による資源不足と食糧不足と水不足の問題です。同じく化石燃料の大量消費が主たる原因になっての大気汚染と温暖化による異常気象が二つ目の問題です。そして三つ目が不足する資源や食糧や水の争奪争いがもとになっての紛争や戦争が多発する問題です。どれも解決が難しい厄介な問題ですよね。

こんな大きくて厄介な問題をどうして社会力を育てることで解決できるというのか。誰もがそう考えていると思いますが、それ以外解決する方法はないというのが私の考えです。なぜそう考えるかはもう少し後で説明しますが、まず人類社会の人口についてみましょう。いくつか大事なことに気づきます。図3を見てください。

近代産業社会がスタートした直後の一八〇〇年頃の世界の人口はざっと一〇億人程度でした。それが産業社会の進展につれて増えて、一〇〇年後の一九〇〇年には一七億人ほどになりました。ところが、産業社会が一層進展した二〇世紀になると人口は一気に増えて二〇〇〇年には六一億人になり、今は七二億人と言われます。

遡って、紀元〇年時点での世界人口は二億人から四億人と推定されています。低めに見て二億人としても、一八〇〇年までの一八〇〇年間で増えた人口はわずか八億人です。それが、産業革命以後になると、わずか二〇〇年足らずの間に何と六〇億人も人口が増えたことになるわけです。ホモ・サピエンスが地球上の唯一のヒトになってから一〇万年と言われていますが、たった二〇〇年程度で急激に人口が増えたというのは、産業社会という社会がいかに異常な社会であるかがわかるでしょう。

図3　驚異的に伸びた世界の人口と平均寿命

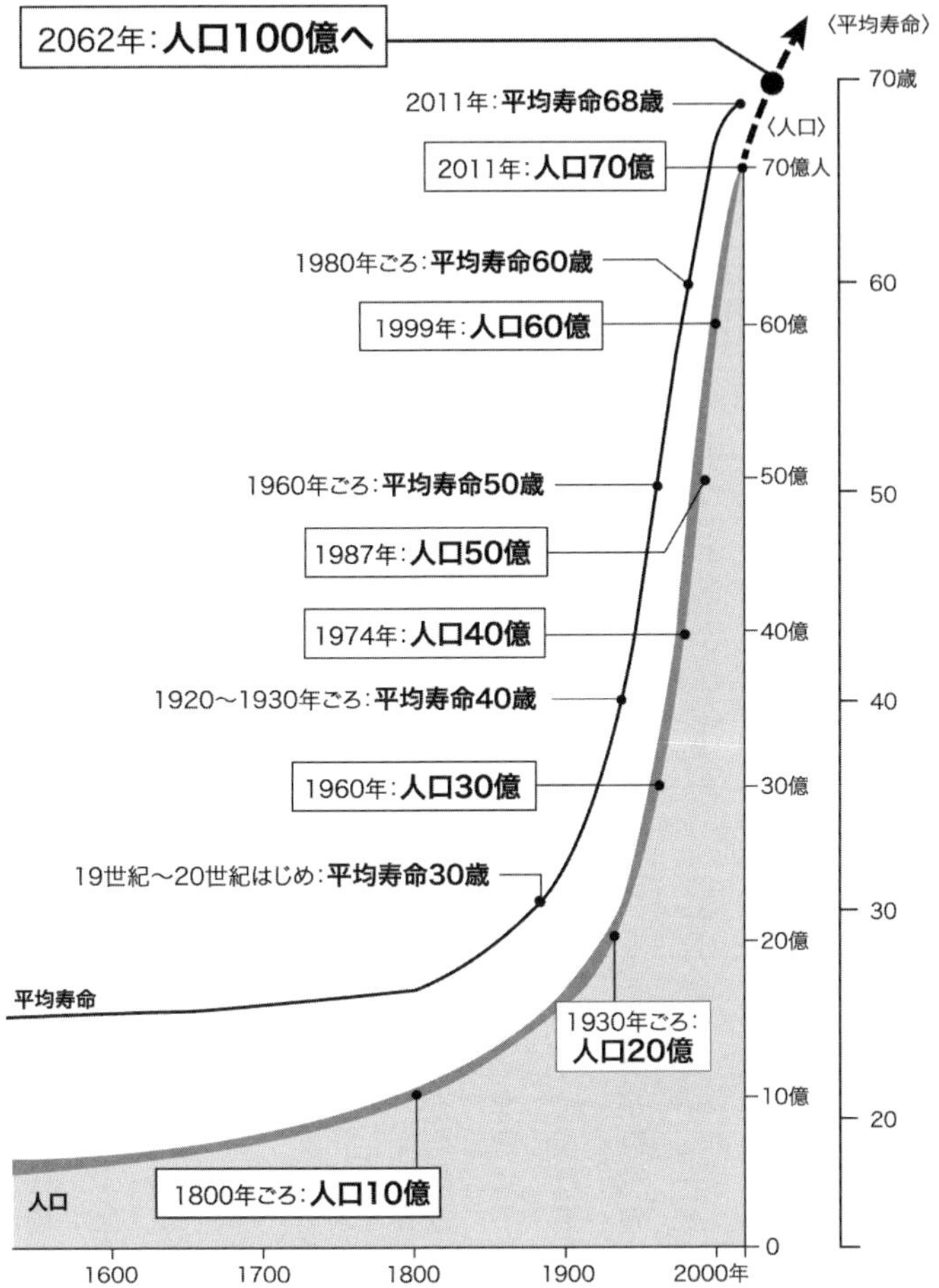

丹羽宇一郎『人類と地球の大問題』（PHP 新書より）

産業社会の不自然さ

自然な社会を不自然な社会にしたのが産業社会だと私は考えています。科学技術の力でそれまで不可能だったことを次々に可能にしたのが産業社会です。工業とか生産という〝ものづくり〟を中心とする社会は、それまでの農業や商業を中心とする社会とはまったく違う社会だったということです。科学技術を発展させることで、それまでなかったものや、それまでできなかったことを次々に実現させて利益を上げるのが近代の産業社会だったわけです。

空を飛べない人間が飛行機をつくることで空を飛べるようになり、視界がわずか一〇〇メートル程度しかなかった人間がテレビで地球の裏側を直接見ることができるようになり、不治の病であった結核などが新薬をつくって使うことで死なずに済むようになりました。こういう例は数えきれないほどありますよね。そのことを私は、産業社会が自然の中で自然に生きてきた社会をきわめて不自然な社会にしたと言っているのです。

お蔭で私たちは、冬は暖かいところで、夏も涼しいところで快適に過ごすことができるようになりましたし、世界中どこにでも自由に行けるようになりましたし、病気で死ぬこともなく長生きできるようになりました。そういうメリット（利点）があったことは間違いありませんが、その裏で、世界の人口を急激に増やし、膨大な量の電力やエネルギーを消費することになり、その結果、大量の資源を消費し、自然を破壊するようにもなったわけです。ローマ・クラブもまさにそのことを警告したわけです。

では、今後世界の人口はどうなるのか。国連が推計しているデータによれば、二〇五〇年には九五億人になり、二〇六二年は一〇〇億人になるとされています。一〇〇億人になるまであと五〇年足らずですよ。私が大学に入学したのが一九六一年でしたから、それから今日まで五七年経っています。思い返すと、この五七年はあっという間でした。ですから、人口が国連の予測通り一〇〇億人になるのはそう遠くのことではありません。もうすぐのことです。そのことをはっきり想定して、どうしたらいいか考える必要があるということになります。

節制節約、互恵互助、協力協働が人類を救う

何度も言ってきたように、このような難問を解決するためにも人々の社会力を育て、高める必要がある、と言うのが私の考えです。

なぜそう考えるかと言えば、社会力というのは、性別や能力差や階層格差はもちろん、人種や民族や言語や宗教や文化や歴史の違いを超えて、誰とでもよい人間関係をつくれる能力のことです。原理的には、社会力があれば誰とでも仲良くなれるということです。よ

い人間関係をつくることで、お互いじっくり話し合い、理解し合い、譲り合い、助け合うことでしか、このような難問難題を解決することはできないと考えているからです。そうしない限り解決には至らず、競争と対立を続けていけば、最終的には、殺し合いになり、共倒れになり、人類は消滅するしかないと考えているからです。

人口があと数年かそこらで五〇億人になり、九〇億人を超え一〇〇億人近くになって、特に人口が増えるとされる発展途上国の人々も、私たち先進国の人たちと同じように、自家用車に乗ったり、電化製品をふんだんに使ったり、栄養価の高い肉食品を腹いっぱい食べたりする生活をすることになったら、地球があと二個以上必要だとされています。それだけの需要（ニーズ）を満たすだけの水や食糧や資源を一つの地球だけでは賄いきれないということです。

一〇個しかパンがないのに、そこに二〇人も三〇人も手を出したら、パンをまったく食べられない人が何人も出てくるということです。人口が七二億人という現在でも、飢えに苦しんでいる人口が世界で六億人以上もいるわけですから、人口がさらに増えたら飢餓人口がさらに増えることになりますね。ではどうするか。食糧にしろ、水にしろ、エネルギーにしろ、消費量を大幅に減らすしかないでしょう。先進国の人も含めて誰もが消費を控えるよう節制したり、節約したりするしかないということです。節制にしろ、節約にしろ、私たち一人ひとりに求められるのは〝あの人がやるなら私も〟という意味でのつながり意識、すなわち社会力になるはずです。

さらに求められるのは、互恵や互助や互譲などです。お互い恵み合い、助け合い、譲り合うことです。余分にあるものは足りない人にあげる、ものが少ししかないときは等しく分け合い、大事な事を決めるときも、競うのではなく、互いに譲り合って決めるといったことです。誰もが不満なく善き生を生きようとすれば、そうやって生きていくしかないでしょう。そして、家の雨漏りや道路の修理、畑仕事とかごみの収集など、日々の暮らしの中でやらなければならないことがあったら、業者に頼んでやるのではなく、手の空いている地域の人たちが手伝ってやるようにする協力や協働も必要になるでしょう。こういうことを滞りなく実行できるようになるためにも、私たちに求められるのは人と人とのよい関係です。誰もが社会力ある人間になっていることです。

互恵と協働で生き延びてきた人類

人口が増えてパニック状態になる社会の中で、これから求められる人間像として話してきましたが、節制や互恵や協働といったことは何も新しいことではありません。一〇万年にもなる人類の長い歴史を祖先たちが生き延びてこられたのは、節制、互恵、協働といったことを当然のこととして行ってきたからだと断言していいことです。

わが国にも、高度経済成長の時代に入る前のついこの間まで、互いに恵み合い、助け合う行いや習わしはいくつもありました。布施《ふせ》とか喜捨《きしゃ》、結《ゆい》とか講《こう》、入会《いりあい》とか無尽《むじん》とか頼母子《たのもし》といった言葉がありますが、こうした言葉はすべてお互い助け合い、協力し合う習わしを表す言葉です。私が子どもの頃は無尽講などは集落単位で当たり前のように行われていましたし、今でも、白川郷の茅葺屋根の修復作業や豪雪地帯の雪除け作業などは「結」の作業としてやられています。

ところが、今ではこうした言葉がほとんど死語になっているように、ごく最近までそんなことが当たり前のように行われていたことを大方忘れていますし、若い人は行われていたことを知らないし、そんな言葉を聞いたことすらないでしょう。

お互い助け合ったり協力したりという習わしがあるのは日本だけではありません。キリスト教が普及している諸国ではチャリティーが、イスラム教の国々ではザカートが当たり前にやられていることはよく知られています。仏教国にも日本の喜捨に当たる言葉がありますし、喜捨という言葉はもともと仏教用語です。

世界各地に当たり前のこととしてこれほど拡がっているお互い恵み合い、助け合う習わしが消滅しかかっているのはどうしてか。個人主義と能力主義と競争主義を中核とした近代の産業社会の考え方や、資本主義的な経済運営のやり方が普及したからだと言っていいでしょう。すでに話したことですが、その近代の産業社会は、にっちもさっちもいかなくなってきています。ローマ・クラブが警告したように、無理に無理を重ねてきた産業社会はもう限界にきているわけですから、人類がこれからもズーッと生き延びていくためには、一刻も早く不自然な社会にケリをつけて、人類社会本来の、互いに助け合う社会に戻る必要があるのです。そうすることができる可能性については、第八講で人間の本性ともいえる「利他性」について話しながら考えることにしましょう。

Q　お話を聞いて、社会力を育てることが人類社会が抱えている厄介な様々な問題を解決するために大変重要であることがわかってきました。しかし、経済の成長を止めたら私たちの生活はどうなるのでしょうか。貧しい不便な暮らしに戻ることになるのでしょうか。

経済成長の鈍化は生活の質を下げない

ほとんどの人がそのことを心配するのでしょうね。特に豊かで快適な暮らしに慣れてしまった若い人や先進国の多くの人たちはそう思うのでしょう。しかし、私の経験を踏まえて言えば、そういう心配はほとんどないと言っていいでしょう。

私は、日本が高度経済成長に入る前に少年期や青年期を過ごしました。小学校時代は鉛筆やノートさえ満足にありませんでした。学校にはピアノも実験器具もプールもありませんでした。野球のバットやバスケットボールなど運動用具もほんの少ししかありませんでした。もちろん、家にはテレビも冷蔵庫もありませんし、自家用車などあるはずもありません。コンビニやパソコンなどといったものもありません。それでも、学校生活は楽しかったし、自然の中で自然を満喫しながら遊んだり勉強したりしていました。テレビを見たり、ゲームやスマホで多くの時間を費やしてる今の子どもたちより、はるかに楽しく健全な生き方をしていたと言っていいでしょう。私は、いずれ、そのような少年時代のことを一冊の本にまとめておきたいとさえ考えています。

両親を見ていても、近所のお年寄りたちの生き方を見ていても、テレビの前でボーッとしていることもなく、モノが少ない中で、自分がやるべきことを自分の責任で、様々に工夫しながら、きちんとやって時間を有意義に過ごすといった清々しい生き方をしていたように思います。シューマッハーさんの言葉を借りれば、まさに「スモール・イズ（少ないことは）・ビューティフル（よいことだ）」という生き方をしていたと思います。ですから、経済成長を意図して止めて、その結果、収入が少なくなっても、身の回りのモノが少なくなっても、私たち庶民の暮らしが惨めなものになる心配はまったくないと言っていいでしょう。

アーミッシュの人たちの暮らしに学ぶ

実際、アメリカには二〇万人もの人たちが、今でも、電気も使わず、車にも乗らず、テレビもない暮らしをしていることを知っていますか。その人たちは一八世紀にアメリカに移住してきたキリスト教プロテスタント派の信仰者たちです。アメリカといえば、石油などの化石燃料や電力などを大量に消費し、世界一豊かな暮らしをしている国ですが、そのアメリカで、ペンシルベニア州やオハイオ州やインディアナ州などに自分たちの共同体をつくり、農業を主に自給自足し、ランプや馬車などを使い、お互い助け合いながら生活している人たちが現にいるわけです。それでも不満もなく、精神的にはむしろ充実した豊かな暮らしをしていると言います。私も一度、ニューヨークに滞在中、そういう暮らしをしているアーミッシュの街を訪問するチャンスがあったのですが、結局行けず、彼らの生活ぶりを自分の目で見られなかったのが残念でした。今期はボーナスが出なかったの、会社が倒産しそうだの、親の介護に追われて自分の時間がないだの、無理して建てた家のローンの支払いが大変だのと、あくせくして暮らしている私たちよりよっぽどいいと思いませんか。

それから、言い足せば、成長を止めるといっても、明日からいきなりやるわけではありません。五年後、一〇年後、二〇年後を見据えながら少しずつスローダウンしていくわけですからなおさら心配はありません。

もう一つ、もっと大事なことを言えば、人間一人ひとりが実現したいと思っている幸せな生き方、私はそれを〝善き生のイメージ〟とも言っていますが、そのイメージや中身や実現する仕方は人によってそれぞれ違うはずです。

実際、今だって、モノに溢れる都会の暮らしはイヤだからといって、山村や農村や小さい島に移り住む人もいますね。あるいは、一日千円以下で生活するといって、自分なりに知恵を使い、工夫して毎日の暮らしを楽しんでいる人もいます。都市で暮らしている人も、車に乗るのを止めて自転車にしたり、自分の足で歩いたり、公共のバスや列車を利用する人も増えています。家だって最近は他人同士が共同で住むシェアハウスが好まれるとか、新しい生き方を工夫して実際にそれを始めている人が増えているようです。地球や人類社会の今後に危機感を感じて、自分の考えや意志で暮らしの仕方を変え始めている人が多くなっているということでしょう。いいことだと思います。実際にそうしたからと言って、不幸になった人はいないでしょう。自分の〝善き生〟は自分で決められるのです。

地球に負担をかけない好ましい生き方をすることが益々大事になっているわけで、そのために経済成長を続けることが絶対条件ではないこと、そのことに気づくほうが、貧しく惨めな暮らしになることを心配するよりはるかに大事なことだと、私は思います。

第七講　目指すべき互恵的協働社会とはどのような社会か

利己的競争社会としての産業社会

私が考え提案している互恵的協働社会について説明する前に、私たちが今暮らしている社会について話しておきましょう。今の社会は、大きく括れば、近代産業社会ということになりますが、私は、私の言う互恵的協働社会と対比させて、利己的競争社会と言っています。産業社会は、「互恵的」に対しては「利己的」であり、「協働社会」に対しては「競争社会」であるという点で異なると考えているからです。

前回、地球の人口が産業革命以降の産業化が進んだ社会で急激に増えた、という話をしたときに少し触れたことですが、ここで、近代産業社会と言われる社会がどんな特徴をもった社会なのか、わかりやすく、やや詳しく説明しておくことにします。

産業社会とは、もっともわかりやすく言えば、それまでできなかったことや不可能だったことを、科学技術を発展させることによってできるようにし、発展させた技術を使って新しい製品をつくり、市場で売ることで利益を上げる社会だと言えます。産業革命によって新しく開発された技術として最も有名なのが蒸気機関ですね。改めて説明するまでもないことですが、水を沸騰させて蒸気を出し、その強力な力（エネルギー）を利用して、鉄でつくった大きな汽船や重い機関車を動かすだけでなく、紡織機や製鉄機なども動かすという技術です。こうして、それまで人や動物の力で動かしていたのとは桁違いの強力な力を活用できるようになったわけです。次いで、電力や石油などの化石燃料も動力源として使えるようになりましたから、それまで不可能だったことが次々に実現できるようになりました。

前に少し話しましたが、電話を使って遠くにいる人とも話せるようになったとか、飛行機の発明で人間が空を飛べるようになったとか、テレビのスイッチを入れれば行ったこともない国の様子をお茶の間で見ることができるようになったといったことです。今では、パソコンで世界中の人と瞬時に連絡を取ることができますし、ロケットで月にも行けるようになりました。私が、近代産業社会とは、不可能を可能にすることで巨大な利益を上げる社会と言ったのはそういうことです。

巨大な利益と言いましたが、電話、自動車、テレビ、冷蔵庫、エアコン、パソコンなど、どれも世界でとんでもないほど売れたことはわかりますよね。列車や飛行機を使った旅行や運搬サービスがどれだけの料金をゲットしたか、デパートやショッピングモールなどがどれほどの金額の売り上げをあげたか、そのようにしてゲットし売り上げた金額は、積み上げていけばまさに天文学的な数字になるでしょう。

しかし、その裏には、新しい技術を開発し製品にするための企業間での、あるいは個人間での技術開発、商品開発、サービス開発にかかわる利己的な動機に基づく熾烈な競争があったわけです。わが社の利益を伸ばすために、生活者あるいは消費者の必要（ニーズ）に応える新しい魅力的な製品や商品をつくり出すための競争に勝ち抜かなければならなかったということです。新製品をつくることに成功し、巨大な利益を上げた企業がある一方で、きわめて多くの企業が競争に敗れ、廃業の憂き目にあうことになったわけで、産業社会は、まさに厳しい競争の社会で競争を勝ち抜かなければ利益を得ることができない過酷な社会であるわけです。

このような産業社会の特徴を、井深大さんと協力してSONYの創業者になった盛田昭夫さんは、生前、アメリカのイエール大学での講演でこんなことを言っています。

「産業社会でモノづくりがいかに重要であるかは強調し過ぎることはありません。私に言わせれば、経済活動や事業の中核はモノづくりであって、それ以外ではありません。どうしてか。〝モノをつくる〟ということは、原料や素材に技術と創造性を駆使して暮らしに役立つ製品を新しくつくり出すことだからです。そのようにしてつくられた価値ある製品こそ、人々に有用さ（utility）と便利（convenience）と喜び（enjoyment）を与えることになるのです」と。

産業社会とはどんな社会か。私には、盛田さんの説明はその核心をズバリ言い当てているように思えます。

産業社会の推進装置としての教育制度

産業社会とは、それまでなかった新しい有用な製品やサービスをつくり、市場に出し、消費者に買ってもらうことで利益を上げる社会と言ってきました。では、有用な新しい製品やサービスをつくり出すには何が必要か。新しい製品やサービスをつくり出せる創造性のある有能な人間が必要ということになります。それまでどこにもない新しい独創的な科学や技術を考え出すことができるのは人間しかいないわけですから。

そんなわけで、産業社会の時代になって何が重要になったかというと、新しい科学技術をつくり出せる創造性の高い有能な人間を見つけ、育てるということでした。どうすればいいか。そこで考え出したのが、その国に生まれたすべての子どもを、学校というところに入れて教育を受けさせることで、一人ひとりの能力を見きわめるというやり方でした。それがいわゆる近代公教育制度といわれる教育制度です。先進国でこのような教育制度をつくって始めたのは産業革命からおよそ一〇〇年ほど経った一九世紀の後半ですが、この頃は産業社会がいよいよ本格的に動き出し、先進国の間での市場獲得競争が激しくなった帝国主義の段階に入る頃でもあったわけです。そんなことで、市場獲得競争を勝ち抜くには、新しい科学技術をつくり出せる人材がどうしても必要になったわけで、各国とも、すべての子どもを学校で学ばせることを義務づけ、強制する教育に本格的に取り組まざるを得なくなったわけです。そのようにして、優れた人材を見つけて育てないことには他の国に負けることになりますし、悪くしたら、他の国の植民地になることだってあったわけですから。

このあたりの各国の考え方や経緯を詳しく書いた本があります。西洋教育史研究の第一人者と目されている梅根悟さんが書いた『世界教育史』（初版一九五五年刊、改訂新版一九六七年刊）という本です。梅根先生は、私が東京教育大学で学んでいた頃、教授として学生を指導していました。定年後は和光大学を創設し、初代の学長になった人です。私はこの本を何度も読み、多くのことを学ばせてもらいましたが、産業社会成立当時の教育をリードしていた指導者たちの頭の中に共通にあったのはどんなことだったか。梅根先生は、この本の中で、一九一四年にアメリカの連邦議会に提出された産業教育委員会の報告書がそれを端的に示しているとして、その核心部分をこう紹介しています。

「今後は、わが国の労働者が、わが国が競争しなければならない国々の労働者に負けないくらい有能で、十分な訓練をうけていないかぎり、わが国の工業製品が諸外国に市場を獲得することはおぼつかない。将来の国際戦争は世界市場の争奪戦である。その戦いに勝利を占めるのは、自国の製品に最大の技術と頭脳をそそぎこむことのできた国である。」(三七一頁)

このような考えは、先に紹介した盛田昭夫氏が産業社会の特質として語っていた「モノづくりとは、原料や素材に技術と創造性を駆使して暮らしに役立つ製品を新しくつくり出すこと」だとする説明とピッタリ一致していることがわかりますね。教育についての基本的な考え方は、今日まで少しも変わらずに続いていると言っていいでしょう。

子どもの能力判別装置としての学校

近代の公教育制度を、何のかの理屈を述べて正当化する人も少なからずいますが、実態を端的に言えば、(1)新しい製品をつくり出すことができる創造性(creativity)豊かな有能な人材と、(2)工場という大量生産の場で指図された仕事の内容を正確に理解できる読み書き能力を備えた従順(docility)な労働者を、同じ教育を一斉に施すことで選別することを目的に考案され、工夫された教育の制度であると言っていいわけです。学校を中心にした、私たちが知っている教育は、産業社会を維持し、発展させるための社会的装置であるということです。第四講で紹介した吉川徹さんは、ズバリ「学校とは格差生成装置である」と言っていますが、教育制度の正体を正しく見抜いているからこそ言える言葉です。近代産業社会の推進装置としての公教育制度については、あと一つ説明を付け加えておきましょう。

同じように、その装置の本質を見抜いていた人がいました。イギリスの社会学者のマイケル・ヤング（M. Young）さんです。ヤングさんは一九五八年に社会学者でありながら一冊の未来小説を書いたのです。『メリトクラシーの始まり（*The Rise of the Meritocracy*）』という本です。タイトルの「メリトクラシー」はヤングさんがつくった言葉で、日本では能力主義と訳されています。メリット（Merit）という単語は日本でも「利点」とか「長所」とか「有益」という意味で日常的にも使われていますね。そのMeritに「〜を中心にする」という意味の接尾語のocracyをくっつけて新しくつくったのがMeritocracyだったわけです。そういう経緯からもわかりますが、Meritocracyとは、〝Meritを中心（第一）にする〟という意味でつくられたのです。はっきり言ってしまえば、ヤングさんは、学校を中心とした教育制度は〝産業社会の発展に有益な人間を優遇すること〟すなわち能力主義を教育の原則にした制度であると見抜いて、そのようなネーミングをしたということです。教育の機会を平等に与え、同じことを一斉に教え、どれだけ早く正しく知識を習得するかを競争させて、試験をし、成績のよい者を能力があり有益な人材であるとして選別するのが教育を貫く原理だ、とヤングさんは見抜いたということです。このことでも、近代公教育制度が何のためにつくられた制度かわかりますよね。

そのヤングさんは、一八七〇年頃から先進国で始まったこの制度は、二〇三三年にはエリート層とノン・エリート層を分断させることになって、どうしようもなく格差が拡がり、破綻してしまうでしょう、と予告しています。全国学力テストの点数稼ぎ競争で一喜一憂しているわが国の情けない教育の有様を見ていると、ヤングさんの予言が当たるように思っています。二〇三三年まで、残された時間は多くはありません。

互恵的協働社会の具体的イメージ

それでは、私が想定し名付けている、利己的競争社会とはまったく異なる、「互恵的協働社会」とはどんな社会か説明することにします。

私は、一冊目の岩波新書『子どもの社会力』(一九九九年刊)を出す少し前から、互恵的協働社会について考えていました。私が教えていた筑波大学の人間学類の教官たちで取り組んだ「寛容社会における人間像の構築」という研究でも、私は、「社会力を育てることが互恵的協働社会をつくることにつながる」といった内容の報告を何回か行っていました。そして、筑波大学の大学院に新しく人間科学総合研究科が立ち上がり、その中に「ヒューマン・ケア科学専攻」が置かれることになって、「ヒューマン・ケア科学基礎論」として「共生社会学」について授業をすることになりました。その授業をしっかりやるために、関連する文献を集めて集中的に読んだりもしました。そんなことをしながら、互恵的協働社会のイメージや、そのような社会をつくるために必要な条件を考えて四〇〇字原稿用紙で一〇〇枚ほどの論文にまとめたりもしました。自分で言うのも何ですが、内容は、今読み返してもなかなかのものです。その内容の大事な部分は私の二冊目の岩波新書『社会力を育てる』（二〇一〇年刊）にも書きましたが、ここでもう一度、その内容をわかりやすく紹介しておくことにします。

まず、私が考えている互恵的協働社会のイメージですが、簡単に言えば、性別とか人種とか宗教とか、あるいは能力の有る無しや、成績の良し悪しで他の人を差別するとか、軽蔑するといったことはしないなど、誰もが誰をもイヤな思いをさせるようなことはせず、自分ができることは他の人のためになるならやってあげるし、自分ができないことは他の人に頼んでやってもらう、というようなことをふだんから当たり前のようにできるし、また、誰にとっても必要だと思うようなことがあれば、皆で力を合わせてやるような社会です。そのような内容を「互恵」とか「協働」という言葉をキイワードにして互恵的協働社会と言ってきたわけです。

互恵的協働社会を成立させる条件

では、そういう社会が本当に成り立つためにはどんな条件とか前提が必要なのか。そのことを考えてみて、次のようなことが現実になっている必要があるのではないかと考えました。

条件とは次の四つです。順に説明してみましょう。

① 性別や生まれた家、民族や生まれた国など、その人の責任を問われる理由がないことで、その人を差別したり、排除したり、傷つけたりしないこと。

② 教育の機会や資金などを公平に配分し、それぞれの人が自分なりの善き生を実現するために必要な基礎的な能力を最大限に高めること。

③ 生得的な能力や、親から受け継いだ遺産や、自分の努力などで得た豊かな資産や、高い地位や、優れた業績などを、他の人がその人なりの〝善き生〟を実現するために役立ててあげること。

④　他の人をケアすること（他者を十分配慮しながら手助けする行為）が、自分の生きがいを高めることや、自分の〝善き生〟を実現するためにもつながっていること。

どうですか。こんなことが当たり前になっている世の中になったらいいと思いませんか。

Q　先生が言うように、そういうことが実現したら素晴らしいと思いますし、熾烈な受験競争や、企業間の市場争いや、世界各地でみられる紛争や内戦などもなくなると思います。しかし、現実は「そんなきれいごとを言っても、皆、自分の国や自分の会社が一番大事と思っているし、自分の利益を上げるのが精一杯と躍起になっているこの世の中で、実現なんて無理だよ」と思っている人が圧倒的に多いと思いますが、そのあたりのことはどう考えたらいいですか。

たしかに、そのことは悩ましいことですし、頭の痛いところですよね。しかし、人類の長い歴史を辿ってくると、「人間、そう捨てたものではない」と思います。産業社会が主流になる近代以前はむしろ助け合いが当たり前になっていたと言えますし、そうしないと人類は生き延びてこられなかったのではないかと思います。そのことについては、次回に改めて詳しく話すことにして、もう少し互恵的協働社会について話を続けることにしましょう。

互恵的協働社会について大まかな私のイメージとそれを可能にするいくつかの条件を説明してきましたが、もう少し突っ込んで、利己的競争社会と比べてどこがどう違うのか、図を見ながらもっと具体的に説明することにします。

利己的競争社会の内実

この図は、私の頭の中にある利己的競争社会と互恵的協働社会の違いを、わかりやすく図にしてみたものです。

まず、左側のラグビーのボールを輪切りにしたような図ですが、これは現在の利己的競争社会の特徴を図で示したものです。図の上から5、4、3、2、1と入れた数字は、子どもたちの成績の差ないしは能力差を表したものです。今は、児童生徒の成績を知らせる通信簿には、成績が「特に優れている」と判定された子には「5」と記入され、「特に努力を要する」と評価された子には「1」と記入されるのが普通になっていますね。この五

図４　利己的競争社会と互恵的協働社会の能力活用イメージ

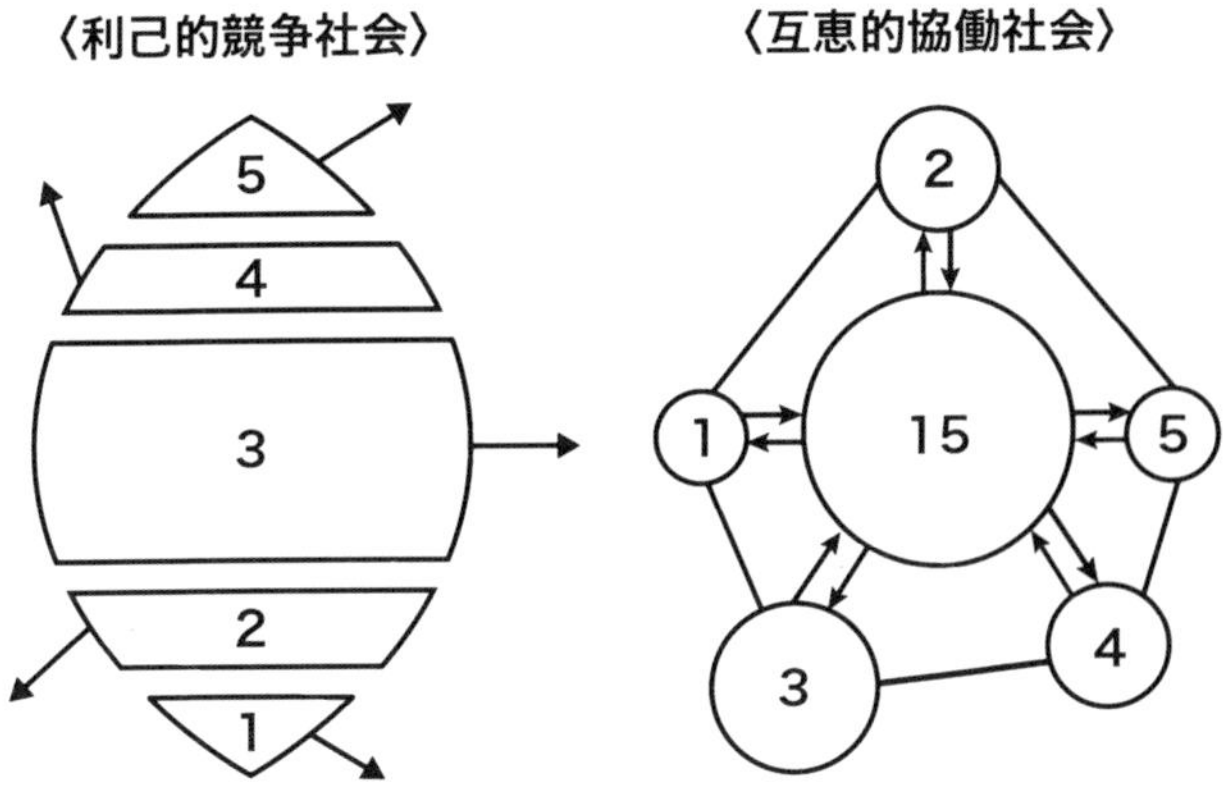

段階の成績評価すなわち能力差を示したのが５から１までの数字です。ボールの緩やかなカーブは成績の散らばり具合を表す正規分布を表したものです。成績が「普通」の３の子が量的には最も多いことがわかりますよね。

次に、成績ごとの区切りの間が空いていることに注目してください。この空間は成績によって子どもたちが分断されていることを示しています。今は、試験の結果を偏差値という数字で表すようになっています。この偏差値はほぼ固定した数字になっていて、なかなか変動しない数字なので、子どもたちの能力差を丸ごと表す数字になっています。こんなことで、子どもたちもその意味をわかっているので、自分のことを「ぼくは１の子ですから」とか、「私は４の子です」と呼ぶことがあると聞いています。要するに、今や、子どもたちは成績によってはっきり分断されているということです。

また、それぞれの枠から出ている矢印は何を示しているかというと、自分の将来に対する見通しといったものです。ベクトルの向きが違うのは、明るい展望を持っている「5の子」と「4の子」は上向きに、「1の子」と「2の子」の矢印が下向きにしているのは、学校時代の成績によって将来への見通しや期待値がかなり規定されている現状を示すものです。こういうような有様になっているのが利己的競争社会の実態と言っていいでしょう。いじめや不登校や自殺などがなかなか無くならないのは、このような現実が学校教育の底流になっているからだと私は見ています。

このような現実が実社会でも一般化されていますから、競争に勝った者が多くの利益を得ることが当たり前になっています。こういう社会では、誰もが自分なりの〝善き生〟を実現することで幸せになるのはきわめて難しいわけです。

互恵的協働社会の特性

それでは、そうした社会とは別の、互恵的協働社会はどのように説明できるのでしょうか。

図の右側を見てください。図の丸の中に書いた数字はやはり能力差を示す数字です。丸の大きさはそれぞれの能力を持った子（人たち）の絶対数を示しています。「3の子（人）」が一番多いことがわかりますね。ここで先の図と決定的に違うのは、成績差（能力差）が上下の階層になっていないことです。成績（能力差）によって分断されていないことです。分断されていないどころか、全部つながっているのもわかりますね。能力差を超えて、お互い連携していることを表しています。さらに大事なことは、中心に大きな丸があって、そこに「15」という数字が入っていることです。この15という数字は何かというと、1から5まで全部足しあげた数字です。全部足しあげたということは、「1の人（子）」も、「3の人（子）」も、「5の人（子）」も、全員がそれぞれの能力を出し合ったということです。要するに、それぞれの能力を他の人のために活用することにしたということです。そして、全員が出し合った合計15の能力を、お互い利用し合うようにしたということです。そのことを示したのがそれぞれの丸から出ている双方向の矢印です。

こうやって説明すると、利己的競争社会と互恵的競争社会のどこがどう違うか、その核心的な部分がよくわかると思います。社会をつくっている誰もが、自分の能力を自分の利益を上げるだけに使うのではなく、他の人のためにも活用し、互いに協力し合い、助け合うようにすれば、この世に生まれてきた誰もが幸せに生きることができるはずです。そうすることで初めて、地球が抱えている難問だけでなく、能力によって生まれる格差という厄介な問題も解決することができると考えています。なぜそう考えるか、次に、そのことについて話すことにします。

格差問題を解消する互恵的協働社会

第五講のときに話しましたが、人間には生まれながらにして能力差があります。このことはいくら否定しようとしても否定できるものではありませんね。そう言ったからといって、私が優生学を支持しているわけではありません。事実として、人間に能力の差があることは間違いないということです。そのことは自分の回りにいる人たちを見るだけですぐにわかることでしょう。

そうであれば、どんなに公平にまた平等に教育の機会を与え、どんなに優れたやり方で能力を評価しても、それぞれの人が先天的に備えることになった能力の差はどうしようもなく出てくることになります。厄介なことに、すべての子どもにこれ以上ないベストな素晴らしい教育を施したら差が縮まるかといえば、そうではなく、結果は先天的な能力の差がもっと拡大することになるということも、第四講のゼミで、もう話しましたね。そうなれば、高度な能力を必要とする重要な仕事は、それができる能力をもった人間にやってもらうことになるのはごく自然なことと言えます。逆に、さほどの能力を必要としない単純なことを繰り返すだけでいいような仕事は、それに見合った能力の人にやってもらうことになります。そうすれば、実社会では、どうしても、それぞれの仕事内容に見合った社会的な位置（地位）や報酬などにも差をつけることになります。その結果、それぞれの地位や社会での役割に見合った尊敬の念や威信などにも違いが生じてきます。難しい仕事をやっている人は、回りの人たちから感謝の念と同時に尊敬の念も生ずることにもなります。

こうして、社会におのずと社会的な地位や収入に見合った序列の格差が形成されることになります。それが社会学でいうところのいわゆる「社会階層」というものです。そこに見られる層は上層、中層、下層と区分けしたり、富裕層と貧困層と言ったり、資本家階級と労働者階級と表現したり、区分けの仕方や呼び方は時代や学者によって様々ですが、いずれにしろ、社会にはほぼ能力差に応じた社会的な階層差や格差が出てくるのは避けることができないということです。だから仕方がないのだ言えばことは簡単ですが、ドーアさんも警告していたように、「人間の多様性」（要するに、能力に差があるということ）と「平等への欲求」（要するに、誰もが等しい待遇を受けたいと欲していること）との調整に失敗したら、人類はマンモスの後に続いて消滅することにもなりかねません。さてどうするか。ロールズさんはじめ、多くの学者たちが知恵を絞ってきましたが、「これでよし」と誰もが納得する答えは誰も出していないというのが安藤さんの見方でした。

そこで、私が出してきたのが、「社会力を育てる」ことで「互恵的協働社会」をつくりましょう、という提案です。では、どうして互恵的協働社会が格差問題を解消することになるのか。個々人の能力の差に伴う階層格差そのものを解消することができないとすれば、どの階層に属していようとも、個人と個人の関係を、互いに尊敬し合える親密で濃密なものにすれば、それによって生ずる恩恵や利益や便宜などを共有することができるということです。

ここで、前回紹介したジョンストンさんの正議論を思い出してください。

ジョンストンさんが強調していたのは、「親密な関係にある二人の間の便宜供与が同程度であればそれに越したことはないが、たとえ片方が相手に与えた便宜より、もう一方が返してくれた便宜が少ないという不釣り合いがあったとしても、お互いが相手を尊重する気持ちに変わりがなければ何ら問題はないし、それこそ社会的正義というべきであろう」というものでした。大事なのは、個人と個人の間の関係が相互の尊敬に裏付けられているかどうかである、ということです。

ある階層の一団と他の階層の一団というふうに、人間をある塊《かたまり》として扱うのではなく、個人と個人の関係に戻して、相互の関係の質を改善するようにしたら格差問題は解消されるであろうということです。一方が富裕層に属していて、もう一方が貧困層に属している人がいたとしても、二人の間によき関係ができていて、互いに信頼し合い、互いに尊敬し合う気持ちをもって結びついていれば、格差はあってなきが如くになり、格差は実質的に解消されることになるということです。

だからこそ私は、社会力をしっかり育てる必要があるのだし、そうすることで互恵的協働社会が現実のものとなり、そのような社会が実現されてこそ、誰もが、自分が思い描く〝善き生〟を実現させ、幸せな生涯を送ることができるのだと考え、このような社会を実現すべきであると提案しているわけです。

第八講　互恵的協働社会が実現する可能性はあるか

皆さんも、前回説明したような互恵的協働社会が実現したらいいなと思うでしょう。実現したらいいなとは思うけれども、そんな社会が本当に実現するのだろうか、といぶかる気持ちもどこかにあるのではないですか。私も、この数年の間に実現できるとは思っていません。しかし、不可能だとは思っていません。

どうしてかと言えば、ヒトという種は、もともと、互恵的で利他的な動物として生まれてきていると考えているからです。互恵性と利他性こそが、他の動物にはない人間に独自の特性であり、本性であると思うからです。そのような特性をいかんなく発揮してきたからこそ、ホモ・サピエンスとしての人間は、一〇万年という長い歴史を、寒冷期や乾燥期など厳しい環境を乗り越え、生き延びてこられたのだと考えているからです。

ヒトは、本来、互恵的利他的動物である

ヒト種の動物すなわち人間は、もともと利他的な動物であったという見方や学説がこの

ところ少なからざる学者たちによって明らかにされてきています。その中のいくつかを紹介しましょう。

人間の相互的利他性については、進化論を唱えたことで有名な、かのダーウィン自身が一八七一年に出した『人間の由来』という本の中でズバリ言っています。自分でこの本を読んだわけでありませんから、ダーウィン研究の第一人者として知られている京都大学名誉教授・内井惣七先生が『ダーウィンの思想―人間と動物のあいだ』（岩波新書）で説明していることを私なりに理解したところを紹介するとこうです。

ダーウィンが最終的に考えていたことは、人間の道徳性や道徳感情は何に由来するかを突き詰めたいということでした。そこでダーウィンが想定したのが社会的動物たる人間には社会的本能なるものが備わっているということです。その社会的本能が作動することで、人間は仲間と交わることを楽しみにし、仲間に共感することもでき、他の人に奉仕をしたりもするのだと考えます。このような社会的本能は、それが習慣になることで、永続的なものになり、相互的利他行動として繰り返されることになり、そうすることで、他者への配慮が始まり、それが共同体への配慮へと高まっていったのだろうと考えたようです。こうしてダーウィンは、道徳性の根底には、相互的利他行動となって現れる社会的本能があるからだ、と考えたといいます。

このようなダーウィンの想定は、その後、霊長類行動学者として数々の新発見をしたオランダのフランス・ドゥ・ヴァール博士がチンパンジーの行動を長年にわたって観察して確認したことによってほぼ裏付けられていると内井先生は言います。そして、ドゥ・ヴァール博士は、名著『利己的なサル、他人を思いやるサル―モラルはなぜ生まれたのか』（西田利貞他訳、草思社）で、ずばり「利他主義は人間だけの特徴ではない」、「自分を犠牲にして、あるいは自分が損をしても他者を助ける行動は、動物のあいだで広く見られる」、「血縁関係や狭い共同体を超えた道徳が可能になるためには相互的な利他行動が不可欠である」（二二頁）と断定しています。

このことを私たちはしっかり認識しておく必要があるでしょう。人間には、もともと、互恵的で利他的な特性が備わっているのだとすれば、互恵的協働社会をつくり上げていくのはさほど困難なことではないということになりますね。

トマセロの利他的人間論

人間は、元来、利他的であるとする研究者が近年多くなっています。地球上のあちこちで、紛争だの、内戦だの、テロだのと、互いに殺し合う、痛ましいというか、情けないというか、殺伐とした出来事が多くなっていることが、人間の本性の問い直しをしようとしている一因なのかもしれません。そうした研究報告の中から、私の目に留まったいくつかを紹介しましょう。

一つ目は、丹念な準備を重ねて、「社会的な動物としてのヒトが、他の人を自発的に助けたり、困っている人を援助したりする協力的な行いをするのはどうしてか」、「なぜ、ヒトは利他的行動をするよう進化してきたのか」という問いに答えるための研究をしてきたアメリカの進化心理学者マイケル・トマセロ（Michael Tomasello）の本を紹介しましょう。その本とは、『ヒトはなぜ協力するのか』（橋彌和秀訳、勁草書房）です。

そうした問いに納得のいく答えを求めてトマセロさんが取り組んだ研究は、人間にもっとも近い類人猿であるチンパンジーとヒトの乳幼児期に当たる赤ちゃんを比較してみるというやり方です。同じ状況を用意して、その中でチンパンジーと赤ちゃんがどのような行動をするかを比較してみて、チンパンジーもできて、ヒトの子である赤ちゃんもできるという行い（行為や行動）があるとしたら、その行動は、ヒトの子に先天的に備わっている特性であると見做していいと考えたからだと説明しています。チンパンジーとヒトのDNAはわずか一％の違いしかないことが証明されていますから、なるほどそうだなと思います。

そんな比較研究を行ったトマセロさんたちがどんな結論を出したかというと、ヒトの子に見られる他者を援助しようという動機づけは、生まれながらにしてヒトに備わっているということです（前掲書、一五頁）。なぜそう結論づけていいかという理由を五つ挙げています。その五つとは、①発達のごく早い段階で利他的行動が見られること、②そうした利他的行動は、親からの促しや何らかの報酬があるから生じた行動ではないこと、③チンパンジーも同じように利他的行動をすること、④子どもの成長に親の介入が少ない文化圏の子どもにも利他的行動が見られること、⑤利他的行動は、ごく自然に、同情心が働いてのことであるのが確認できること、の五つです。

これだけの証拠を並べられたら、ヒトの子の利他性は先天的な特性であると納得するしかないでしょう。この本では、その他にもいくつか人間の利他性を裏付ける興味深い事例が紹介されていますが、長くなるので省略し、大事なことなので、最後に一つだけ付け加えておきます。トマセロさんはこう言っています。

「援助すること、知らせること、分け合うこと、いずれにおいても文化による変容や親のうながし、あるいは何らかの社会化が、子どもの示す利他性をもたらしていると考える根拠は、ほとんどありません」（三二頁）と。子どもの利他的な行いは、生まれてから後の学習によるものではないということです。ということは、人間の利他的な行動は、人間に生まれながらに備わっている先天的な特性であると認めざるをえないことになります。

わが国にも多い利他的人間論

このような人間利他説というか、利他的人間論を展開している人は外国の研究者たちだけではありません。わが国にも少なからずおります。その中から三人の論者を紹介します。まず一人目は、このゼミの第四講でも紹介した慶応大学の安藤寿康教授です。安藤教授もずばりこう言っています。

「一点だけ、進化的に見たときのヒトの特殊性について、言及すべきことがある。一点とはいってもきわめて重要な一点だ。それはヒトが進化の過程で他の動物と比較して、きわめて利他的な動物として出現したという点である。つまり、他者のために生きなければ生きられない存在、いいかえれば一人では生きられない存在だという点です。」（『遺伝マインド』有斐閣、二〇頁）

また、続けてこうも言います。「自分がすることが他者が生きることの助けとなり、そうした他者がめぐりめぐって自分が生きることを助けてくれるという互恵性のシステムをつくり上げてきたのがヒトという生物です。」（二一頁）

そして、別の本では、こういうシステムがあり、このシステムがうまく作動してきたからこそ、「遺伝的に優れた人が遺伝的に劣った人を助けてくれることになり、遺伝面での不平等があからさまに多くの人の不公平感にはつながらなかった」（『遺伝子の不都合な真実』ちくま新書、二一七頁）のだと、互恵的協働社会を実現する上でヒントになるきわめて重要な指摘もしています。

また、北海道大学の教授であった脳科学者の澤口俊之さんは、人間は社会をつくり、その社会の中で多くの人とよい関係をつくり、他の人の心を読み、言葉を交わし、折り合いをつけ、持ちつ持たれつしながらでないと生き延びることができなかったとする、いわゆる社会脳仮説を前提に、だから人間は根源的に互恵利他的であるほかなく、そのような動物として進化してきたのだと言います。加えて、「ヒトは社会性を発達させるにともない、この利他的行動も進化させてきた」、「ヒトが進化するにつれ編み出してきた共生戦略とは、お互いに利益を分かち合うこと、他人に貢献することの二つを兼ね備えた互恵利他主義だった」、「最も大きな前脳連合野をもつヒトでこそ、最も互恵と利他が発達した」、「互恵利他主義はヒトで最大限発達した」（『頭を良くする脳科学』集英社、一二二頁、一七七〜一七二頁）とも言っています。

あと一人紹介しましょう。『利他的な遺伝子―ヒトにモラルはあるか』（筑摩選書）という刺激的な本を出している筑波大学名誉教授の柳澤嘉一郎さんです。「今、地上に生きている動物たちは、すべて、生命の誕生以来、幾多の過酷な環境を切り抜けて生き残ったものの子孫である」（二三五頁）から利己的であることが本能として遺伝子に刻まれていると考えられるが、人間の場合、もう一つの本能として利他性を進化させてきたと言います。そして、ヒトの利他性は強い社会性と著しく発達した脳に支えられているため、「正直、ヒトほど他者に協調し、協力したり援助したりする種は、他に見当たらない。ヒトと他の動物との、もっとも大きな違いは利他性にあるといってもいい」（二三八頁）としています。

まだまだ紹介したいところですが、互恵的利他性がヒト種の特性であり、本性であることを理解するにはこれだけで十分でしょう。それでもまだ知りたいという人がいたら、『科学』という雑誌の一九九七年四月号の特集「人間の心の進化」に書いている研究者たちの論文を読むといいでしょう。こもごも、人間という社会的動物が、利他的であらざるをえない生き物であり、また利他的であることが自己の幸福と社会の存続にとって有利であることを書いていますので。

人間の利他性を覆した近代産業社会

ヒトという種が、もともと、利他的であるのに、産業社会が人類社会全体に拡がってしまった今では、その逆で、人間は利己的であるという考え方や見方が当たり前になっていますね。例えば、「誰だって自分が一番大事で可愛いんですよ」、「人は人、自分は自分ですから」、「他人《ひと》のことなどかまっていたらこちらが持ちませんよ」、「他社との競争に勝たないことには、わが社は倒産です」というセリフを日常的に耳にします。個人的には、こういう人をみると悲しくなりますが、今ではこういう人が当たり前になっています。「人間は本来利己的である」という考え方がまかり通っていて、「そうじゃないんじゃないですか。人間はもともと利他的なんですよ」などと言おうものなら、ヘンな人だと思われたり、怪訝な顔をされるのがオチですね。

では、どうしてこういうことになったのか。本来、利他性である人間が、まったく逆の利己的な人間に変えられてしまったのか。私なりの見方を説明することにしましょう。結論をずばり言えば、近代産業社会が社会の発展のために都合のいい〝利己的人間〟という神話をつくり上げたということです。

中世から近代にかけての歴史的変化を詳細に説明するのは私の手に負えることではありませんが、大雑把にまとめれば三つの大きな変化があったと言えます。一つ目は世界地図の拡大に伴う経済圏の拡大であり、二つ目は封建社会から近代主権国家への変化であり、三つ目が先進国でのモノづくり（工業）の著しい発展です。

一五世紀の終わり頃から始まった大航海時代にアメリカ大陸の発見があり、マゼランによる世界一周がありました。一七世紀になると、イギリスが東インド会社をつくったのをきっかけに、スペイン、フランス、オランダなどヨーロッパの各国が世界各地に経済圏を拡大していきました。また、一六四八年のウエストファリア条約を契機に、近代国家へと国の体裁を整えると同時に、国内での生産体制を整え、産業革命の進展による蒸気機関の改良が強力な動力を提供することになり、家内制手工業から工場制機械工業へとモノづくりは大量生産の時代に入っていったということです。こうして、一九世紀に入ると近代産業社会がほぼ体裁を整えることになります。

奨励され定着した「個の自立」

近代産業社会の特徴といえば、第六講でも触れましたが、それまでこの世になかったものを科学技術の力で次々につくり出し、大量に生産し、商品として売ることで利益を上げ、国の力を強くすることでした。こうなると、どうしても必要になるのが生産に携わる多くの労働者とその商品を買う多くの消費者です。そこで進めたのが〝個人の自立〟の勧めでした。それまで助け合って生きてきた人たちを分断し、自立を促すことでした。

そのため、近代はデカルトの「われ思う、ゆえに我あり」という有名な一言を皮切りに、アダム・スミスの『国富論』も、誰もが「自分の利益を最大限にするために利己的かつ合理的に判断し行動する」ことを前提に書かれており、「経済学の祖」とも言われました。

ルソーの『社会契約論』や教育論『エミール』も自立した人間をベースに書かれています。また、明治時代福沢諭吉の『学問のすゝめ』とともに広く読まれたスマイルズの『西国立志編』も英語の原題は「Self Help」（自助の勧め）で、「天は自ら助くるものを助く」と自立や自助を奨励し、「外部からの援助は人間を弱くする。自分で自分を助ける精神こそ自分を励まし元気づけるのだ」と念を押しています。このように、西洋の思想や学問のほとんどが、他者とのつながりや助けを断ち切った、自立した個人こそ望ましい人間であるとして、そのことを前提に書かれていると言っていいでしょう。

こうした哲学や学問の支援を得て、近代という時代は、産業社会の発展はよきことであり、経済の発展こそ個人を幸福にするということを大前提に、学校での教育はもちろん、家庭でも職場でも、それこそあらゆる場で、あらゆる機会を通して、自己を確立せよ、強い自我をもて、自立せよ、自律的であれ、主体的であれ、自主性をもて、自分の意志をはっきりさせよ、自分の考えをもて、自分の意見を述べよ、といった言辞が手を替え品を替え繰り返されることになりました。それと同時に、競争せよ、競え、負けるな、勝て、がんばれ、努力せよ、とも言われ続けました。まさに、「個の自立」と「競争の奨励」のオンパレードです。

その挙句、ドーキンスというフランスの生物学者は『利己的な遺伝子』（邦訳、増補新装版、日高敏隆訳、紀伊國屋書店）という本まで書いて、遺伝子が利己的なのだからそれをもとにつくられている個体が利己的であるのは当たり前だ、と人間利己説にお墨付きまで与えました。そして、不幸なことに、この本が世界的なベストセラーになりました。恐らく、世界各地で成功した事業家や億万長者たちが、自分の成功を正当化してくれる本として読んだのではないかと思っています。

こうして、近代という時代を通して、いつの間にか人間利己説が当たり前になり、人間がもともと利他的であったことなど人々の頭の中から消え失せてしまった、というのが「人間利他説」消滅論として私が考えているストーリーです。

人類は互恵性によって生き延びてきた

こうして整理してくると、近代という時代は、第六講で見たように、産業社会の最盛期ともいえる一九〇〇年から二〇〇〇年までのわずか一〇〇年の間に、地球の人口が何と四五億人も増えるという異常な時代ですし、産業社会自体が人間の本性や自然の摂理からしたらきわめて不自然な社会と言っていいでしょう。その産業社会は、やはり第六講で話しましたが、ローマ・クラブが一九七二年に「成長の限界」で予測し警告した通り、人類社会は、今や、危機的様相を見せています。先にも述べましたが、ローマ・クラブの予測が当たっているかどうか四〇年後の二〇一二年に検証した研究所があります。アメリカのワシントンにあるスミソニアン研究所です。検証の結果、改めて出した警告は、「成長の限界の予測は間違いなく正しかった。このまま経済成長と消費が続けば二〇三〇年までに、世界経済は破綻し、人口は急減する。私たちは持続可能な軌道から外れている」というものです。

経済の崩壊と人口の減少について書いている文章では「precipitous」という英語を使っています。この英語を辞書で確認すると、〝絶壁のように切り立った崖を真っ逆さまに落ちる〟という意味であることがわかります。二〇三〇年まではあとわずかです。にもかかわらず、わが国では、今もって、経済を成長させるだとか、〝経済成長こそ命〟だとか、アベノミクスだとか言っていますが、そうした掛け声は、私には、〝最後に滅びるため〟にやっている最後の悪あがきのように聞こえます。ですから、こうした悪あがきは止めて、できるだけ早く方向転換しないと大変な目にあうことになると見ています。

いささか脱線しましたが、今こそ、私たちは、人類が一〇万年もの長い間、厳しい環境の中を何とか生き延びてこられたのは人間本来の互恵性利他性をフルに発揮してきたからだ、ということを思い返す必要があります。そんなことは近代以前の人間の生活を思い出せばすぐにわかることですよね。わが国で言えば、高度経済成長の時代に入る一九六〇

（昭和三五）年以前には、互恵的な暮らしはあちこちに残っていました。私の幼児期や少年期はそんな時代でした。そういう事例は全国各地のあちこちにあると思います。

一〇万年前の首飾りが意味していたこと

ここで、人類史の視点から、何故人類が生き延びてこられたか、それを跡付け裏付ける証拠を求めて取材をし、スペシャル番組を作ったＮＨＫの取材班がまとめた本（ＮＨＫスペシャル取材版『Human』角川書店）を紹介しましょう。

取材班が最初に訪ねたのはアフリカのケープタウンから車で東に三〇〇キロのところにあるブロンボス洞窟で、七万五〇〇〇年前に三〇人ほどが長く住んでいた居住場所とのこと。発掘したところ一〇万年前の地層から様々な道具が出土し、その中に貝殻でつくった首飾り（ビーズ）があったというのです。一〇万年前といえば、人類のただ一つの種としてホモ・サピエンスだけが生き残った時点です。この首飾りはいったい何のためのものか。一種類の貝殻だけをたくさん集め、それに苦労して小さな穴をあけ、四〇個ほどの貝の穴に紐のようなものを通してつくった首飾りですから、現在のように自分の身を飾る単なる化粧道具ではなく、何かを象徴する意味があったはずです。そう考えて、その意味を解き明かすため取材班はさらなる取材を続けます。ＮＨＫのスペシャル番組は私もよく見る番組ですが、その取材力というか取材にかける費用もさることながら、その執念と熱意にはいつも感心させられます。

ここでもそうした取材力を発揮して辿り着いたところがアフリカのナミビアのカラハリ砂漠の中の、サン族（ブッシュマン）が暮らすマハマシ村という村です。そこに一か月滞在して取材をしました。そこでの暮らしを四〇年も調査してきたカナダのトロント大学名誉教授リチャード・リー氏の全面的な協力を得られたようで、きわめて貴重な証言を得て、耳飾りが象徴する意味を明らかにしました。どんなことかと言うと、耳飾りは、お互い助け合い、分かち合って生きていくための仲間であることを示す絆を象徴するメッセージだったというのです。「首飾りに託された心とは仲間との絆を大切に思う心だった」（三八頁）ことがわかったと報告しています。耳飾りはただ自分を飾るというものではなく、生きるために欠かすことができない「分かち合いと協力という必需の関係を築くための生活必需品だった」（四一頁）のだと。

こういう分かち合い、助け合う心が人間にあったればこそ、しかも、それを生まれながらにもっていたからこそ、人間は、火山の噴火や川の氾濫や地震などに見舞われながら、また乾燥期や寒冷期も含む厳しい環境の中を、一〇万年もの長い間、生き延びてこられたのだと断定していいのではないでしょうか。

わが美浦村にも縄文時代を代表する陸平《おかだいら》貝塚がありますね。発掘調査では縄文早期の七〇〇〇年前から晩期の二七〇〇年前まで住み続けていたことがわかっていますが、この間四〇〇〇年もの長い間、そこで暮らしていた人たちも、考古学者・勅使川原彰氏が言うように、他の土地で暮らしていた縄文人と同じように、「基本的には互恵と平等主義に貫かれた生活」(『縄文時代史』新泉社)をしていたのでしょう。

わが国の縄文時代に限らず、世界各地の一〇万年に及ぶすべての時代を辿って調べれば、人間が互恵的利他的に生きてきた証拠や事例は膨大な数に積み上がるのだろうと思います。そんなわけで、そうした事例をこれ以上探すのはやめて、今回の最後に、もう一度NHKのスペシャル番組の取材班が辿り着いた結論がどんなことだったのかを紹介することにします。

取材に当たった専任デレクターの浅井さんは「取材を通して、私は、(ヒトは、困難な局面に出あえば出あうほど)分かち合ったのではないかという気がしてならない。いつも、というわけではなかったかもしれないし、誰とでも、というわけでもなかったかもしれない。それでも、分かち合ったとき、喜びを感じたのではないか。そう思えるのだ」と言っています。

各国で確かめられた他者と分かち合う心

そして、取材の最後に、人間が本能的にもっている特性を見つけ出すため、世界各地の一五の民族で「分かち合いの心」の調査をしてきたケンブリッジ大学教授のマーロー博士たちの実験現場に同行したときの結果を報告しています。マーロー教授たちが行ってきた実験とは、その国で一日働いて稼ぐことができる金額（日本なら約一万円ほど）を実験者に渡して、見ず知らずの相手にどれだけあげるかを試してみるものです。すると、ほとんどの国で見られたように、タンザニアのハザ族での実験でも、平均すると、自分が七四％もらい、相手に二六％渡すという結果になったことが確かめられたとのことです。そして、マーロー博士の結論、「このゲームで、見知らぬ人には何もあげない事例は、今のところ、私たちはどの社会でも見ていません」という言葉を紹介し、その上で、「見ず知らずの相手とさえ、分かち合うという心は、たしかに祖先たちから受け継がれ、今、私たちのなかにもある。その心がいつも私たちを支配しているわけではないけれど、密やかに、確実に生きているのである。」（一二〇頁）と締め括っています。

皆さんもしっかり記憶していると思いますが、七年前（二〇一一年）の三月一一日に東日本大震災がありました。京都の清水寺では毎年の暮れに、その年を象徴する漢字を一文字選んで書くという行事をやっていますね。大震災でとんでもない被害が起きたその年に選ばれた漢字が何か憶えていますか。「絆」でした。絆とは「つながり」です。私に言わせれば、「社会力」こそ大事なのだということに気づいたということです。地震や津波で大変な被害を被って多くの人が思い出したのが「他人《ひと》とのつながり」や「助け合い」や「支え合い」だったということです。「遠くの親戚より近くの他人が大事」ということに改めて気づいたということです。人間は困難な状況に出あうと、自分たちには互恵的利他的協働的な本性があったことをごく自然に思い出すということでしょう。思い出すというより、ごく自然に、人間はそのように動き出すということです。

人類社会が危機的状況に差しかかっている今だからこそ、私たち人間は、そもそも、互恵的で利他的な動物であることを改めて確認しておく必要があるのです。

Q　私も、人間が自分のことより他の人との助け合い、分かち合いを大事にする利他的な本性をもっていたことを忘れていたように思います。近代の産業社会がつくった〝人間利己性神話〟を信じ切っていたということですね。私だけでなく、人間は利己的だと信じている人が多いためだと思いますが、自分の周りにいる人を見たり、週刊誌やテレビで見るいろんな事件や、最近

ネットなどに溢れている他人に対する悪口や誹謗中傷などを目にすると、本当に人間は利他的なのだろうかと、つい思ってしまいます。そのあたりのことを先生はどう見ていますか。

情けないというか、哀しいというか、最近は特にそういうことが目につきますね。ヘイト・クレイムとか、ヘイト・スピーチとか、異教徒へのテロや暴力とか、移民や難民の阻止や排斥など、気が滅入る出来事が多くあります。また、個人の間でも、他の人を妬《ねた》むとか、羨《うらや》むとか、僻《ひが》むとか、怨《うら》むとか、呪《のろ》うとか、嫉《そね》むとか、こういうことが原因のいじめだとか嫌がらせとか、ときには無差別殺人があったり、気晴らしの放火があったり、気が滅入る事件も少なくありません。そういう風潮や事件などを目にしたり耳にしたりすると、人間、本当に利他的なのだろうかと思いたくなりますよね。こういう状況を私がどう見ているかという質問ですが、ズバリ答えれば、産業社会が最後の悪あがきの段階に入っているからだと見ています。もっと詳しく説明しないといけないのでしょうが、人類社会全体が、今、産業社会の最終段階に入りかけていて、そのために産業社会の弊害とかボロ（病理）があちこちで出始めているせい（所為）だと見ているということです。

世界で起こり始めた大衆の反逆

ボロがもっとも具体的なかたちで現れているのは、世界のあちこちでごく一部のお金持ち（富裕層）と圧倒的多数の貧しい人たち（貧困層）の間で、とんでもない格差が拡がっていることでしょう。その典型がアメリカで、ノーベル経済学賞を受けたジョセフ・スティグリッツ博士が言っているように（『世界の99％を貧困にする経済』徳間書店）、何と、お金持ちランクの上位一％の資産が、残り九九％の所得を合計した額と同じくらいになっているという、巨大な格差にまで拡がっているのです。そのことが様々な不満の下地になっていて、その不満が様々なかたちで思わぬ事態となって次々に噴出することになっているのだと見ています。私は、九年前自動車事故で三か月入院したことがありますが、入院中に、堤未果さんという女性ジャーナリストが書いた『ルポ　貧困大国アメリカ』（岩波新書）を読んだのですが、アメリカがこんなにも酷い国になっているのかと驚きました。その本を読んでいて気持ち悪くなって読み続けられず、途中、何度も放り出したのを憶えています。一昨年（二〇一六年）一一月の大統領選挙で大方の予想を裏切って、共和党のトランプさんが当選しましたが、私は、そういう結果になることもあると予想していました。アメリカが入り込んでいる産業社会の泥沼に放り込まれた大衆の不満が、危険水域を超えるところまできているのではないかと思ったからです。

具体的にいちいち挙げませんが、ヨーロッパでも、イタリア、フランス、イギリス、ドイツ、オーストリア、ギリシャなどEUに加盟している国々を中心に、同じように民衆の反乱といった事態があちこちで起きていますね。こうした事態を、私は、近代産業社会がいよいよ最終局面に入ったがゆえの必然的な兆候と見ているということです。これまで、何度も言ってきましたが、近代産業社会と言われる、長く見積もっても、高々三〇〇年程度の社会は、一〇万年にわたる人類の長い長い歴史の中ではごくごく短い、しかも、きわめて異常な社会だったわけです。こんな不自然な社会が長く続くわけはない、というのが私の見方です。恐らく、産業社会以前のような自然な社会に戻るには、五〇年から一〇〇年ほど、あるいはそれ以上の長い期間を要するのでしょう。しかし、必ず、そうせざるを得なくなる時期がくるのだと見越して、早めに舵を切ることができるのも、互恵的であり利他的な特性と併せて、私たち人間が備えている大きな脳の働きだと思います。

警戒すべき人間の自己家畜化の弊害

ただ、その前に、気をつけないといけないことが一つあります。それは、人間が科学技術の力で、それまでなかったものをどんどんつくり出してきたため、自分が住む環境自体をも大きく変えてしまったことです。その結果、人間の環境への適応力も変わってしまい、結果として、自己家畜化という事態がどんどん進んでいることです。生きる環境が変わったということは、今では、私たちは寒い冬も暑い夏も、自然を一切遮断して、一定の温度を保った部屋で過ごせるようになったという一つの例を挙げるだけでわかりますよね。そのため、オオカミが犬になったり、イノシシが豚になったりしたのと同じように、人間も自分自身を家畜のように劣化させているのではないかというのです。

こうした事態が進んでいることに警告を発したのは二〇世紀の初め頃からのようですが、本格的に問題にしたのはオーストリアの有名な動物行動学者コンラート・ローレンツさんが『文明化した人間の八つの大罪』（日高敏隆他訳、思索社、一九七三年）を出されたときからのようです。そのことについて警告していた人がわが国にも何人かいます。小原秀雄さん（『現代ホモ・サピエンスの変貌』朝日選書）や、尾本恵市さん（『ヒトはいかにして生まれたか』講談社学術文庫）です。尾本さんは著書の中で「現在文明になって、にわかにそれ（自己家畜化）が急激に進みだして、とくに産業革命以後の最近の近代文明の下で、方々でおかしなことがおこってきた」（一七六頁）とも書いています。

人間の自己家畜化が進んで、環境への適応力だけでなく、脳の機能まで劣化しているのではないかと思えるようになっていますから、人間の先を見通す能力が無くならないうちに、早めに方向転嫁しないと手遅れになってしまうことだってあるということです。そのことはしっかり肝に銘じておきましょう。

やや脱線し、答えが大分長くなりました。私たちの回りに少なからずいる他の人を妬み、羨み、僻み、嫉み、怨み、呪う人たちにどう対処したらいいかという質問には、最後の回に、ピーター・シンガーさんが勧める「積極的な利他主義」を紹介しながら話すことにします。

第九講　これからの教育は何を目指すべきか

学力向上に躍起な教育現場の実際

今回はいよいよ教育の問題に入ることにします。今では、どこの社会も、一定の期間、必ずすべての子どもを教育することになっています。なぜ、そうするかと言えば、このゼミの第七講でやや詳しく話しましたが、ズバリ言えば、産業社会を維持し、発展させるために役に立つ人材を見つけ育てるため、でした。創造力のある能力の高い人材を選び出し、優遇することで、新しい技術を開発し、新製品を次々につくって産業を発展させ、利益を上げ、結果として国力を高めることが教育の目的だった、と言っていいでしょう。そのために、その国で生まれたすべての子どもを学校に入学させ、同じ教育を施し、そこで上げた成績をもとに人材の質を選別し、それぞれの成績（能力）に見合ったポジション（仕事や地位）に振り分ける選別装置として用意されたのが学校である、とも説明しました。そのような学校を、大阪大学の吉川徹さんはズバリ「格差生成装置」であると言っていることも紹介しました。

しかし、事実がそうであっても、そのことをあからさまに公言したら身《み》も蓋《ふた》もありませんから、教育を取り仕切る中央官庁の文科省はもちろん、教育に関わる多くの人たちは、教育とは「人格を形成すること」とか、「良き社会人を育てること」とか、「その子の才能を見つけ伸ばすこと」とか、「伸びようとするその子の力を援助してあげること」とか、様々に説明してきました。説明が当たっていないわけではありませんが、どれも肝心な核心部分はオブラートに包んだ説明になっていると言わざるを得ないわけです。

それで、小学校、中学校、高校などの学校現場が今どういう状況になっているかと言えば、文科省や教育委員会は、このところ、全国学力テストでどれだけの成績を上げるかに特化している感じですし、保護者の関心はわが子がテストで何点取るかだけになっています。学年ビリのギャルが一年で偏差値を四〇上げて慶応大学に現役で合格した話を書いた『ビリギャル』という本が、一〇〇万部を超すベストセラーになったり、映画化されるという事態は、まさに、わが子のテストの点数にしか関心がない保護者がいかに多いかを物語るものでしょう。

世間の関心もそれと同じようなもので、週刊誌などは、毎年、どこの高校から東大に何人入ったとか、何人早慶に合格させたとかの紙面づくりに多くのページを割いているありさまですし、銘柄大学に入れた合格者の数で高校をランク付けし、どうすれば東大進学者の多い高校や銘柄大学に入れるか、といった情報提供や受験指南に熱を入れているのが現状です。

教員たちもそうした動向や風潮に逆らうわけにはゆかず、自分が担任しているクラスの成績を上げることに神経を使い、多くの時間を費やすことになっているように見えます。児童生徒はといえば、どう取り繕ったところで見えてくる、点数稼ぎが中心の学校での教育が面白いわけはなく、点数のいい少数の子どもは別にして、大方の子どもたちは、ひたすら苦行ともいえる授業に耐えているのが実態と言ってもいいでしょう。

そのような学校現場の実態はどう抑え込んでも、いろんなかたちで外に漏れ出してきます。証拠になるデータを二つ挙げましょう。一つ目は、神奈川県藤沢市が一九六五年から五年に一回継続的に中学三年生を対象に行っている「学習意識調査」の結果です。第一回目（一九六五年実施）の調査では「もっと勉強したい」と答えた生徒が六五％ほどいたのですが、調査のたびに少なくなって、今では二五％ほどです。逆に、「もう勉強はイヤ」という生徒は年々増えて「もっと勉強したい」という生徒を上回るほどになっています。テスト、テスト、点数、点数という学校での勉強が児童生徒の学習意欲をどんどん低下させることになっているということでしょう。だいぶ前のことになりますが、国際児童年の一九七九年に私も協力して行った国際比較調査では、わが国の子どもたちの自信度が他の国の子どもたちと比べるとグンと低いという結果でした。その頃から日本の子どもたちは自分に自信をもてなくなっていたということです。日本の子どもたちが自分に自信がもてなくなるのが、自分の成績がよくないことを認めざるを得なくなることとほとんど正比例していたこともよく覚えています。

もう一つ、わが国の学校教育の現場を総括するような証言を紹介しましょう。私の出身地の山形県で三八年間英語の教師をしていたという万里小路譲さんが定年後にまとめた本『学校化社会の迷走』（書肆犀）で、「学校が人間性破壊の工場であるとすれば不登校という避難は正しい選択である」とか、「いじめの多発は教育が機能不全に陥っている証であ る」とまで言っています。この本には、他にも学校教育のおかしさや不自然さがいろいろ書かれていますが、紹介はこれだけで十分でしょう。万里小路さんは詩集をすでに七冊も出している詩人でもあります。ですから、鋭い感受性をもった詩人の目には学校の病理がよく見えたのでしょうね。不自然なことを、無理に無理を重ねてやっていれば、いろいろな形でボロが出てくるということでしょう。

目指すべき新しい社会ビジョンを欠いた現行の教育

これまでも何度か、雑誌や新聞で指摘したり批判してきたことですが、点数稼ぎに躍起になっているわが国の教育のありさまを見ていると、テストで子どもたちによい点数を上げさせ、学力を向上させることで、どんな社会をつくろうとしているのか、どのような社会を実現しようとしているのか、新しい動きはまったく見えてきません。

文部科学省は学習指導要領を改訂し、二〇二〇年からアクティブ・ラーニングという教育方法を取り入れ、〝二一世紀型能力〟なる力を育てるのだと準備しているようです。しかし、何を目的にそのような教育をやろうとしているのか、具体的な説明はほとんどありません。グローバル化が一層進むからというのが枕言葉のようになっていますから、「他の国に負けないようさらなる経済成長を達成し、強い産業国家を実現するためだ」というのが本音なのでしょう。大学でも、経済成長には役立たないからという理由で、文科省は文科系や社会科学系の学部などはいらないと言い始めていますから、産業社会を発展させるための教育をこれからもやっていくということなのでしょう。いい加減、人類社会がこれから辿ることになる将来を見越して、新しい社会づくりを目指した将来ビジョンを示して、教育のあり方や教育の内容を早めにそちらの方向に向け転換すべきなのに、一向にそういう気配が感じられないのは残念至極です。

二〇二〇年から文科省がやろうとしている教育が「二一世紀型の能力」を育てることだと言いましたが、では、この二一世紀型能力とはどんな能力なのか。文科省の説明を聞くと、言葉や数量や情報などに関わる基礎的な知識をベースに、一人ひとりが自分で学び判断し、他者と話し合いながら新しい知識をつくり出す力だとか、何が問題で何が課題かを見つけ、それをどうすれば解決し実現することできるかについても、様々な人たちとよい関係をつくりながらやり遂げていく力だということです。こういう説明を聞くと、二一世紀型能力とは、何のことはない、私が言い続けてきた「社会力」、すなわち〝人が人とつながり社会をつくる力〟とほとんど同じではないかと思います。

仮に、二一世紀型能力と社会力がほとんど同じだとして、何のためにそういう能力を育てるかというと、私の場合、これまで何度も繰り返してきましたが、互恵的協働社会という社会を実現するためであるとしているのに、文科省は、相変わらず、産業社会を発展させるためのようで、なんとも情けない話だと思います。

「社会を生き抜く力」ではなく、「社会をつくる力」を

もう一つ、文科省の教育政策批判をしておきましょう。二〇〇六年に安倍内閣が教育基本法を変えて骨抜きにしました。どこがどう骨抜きにされたかは長くなりますので省略しますが、その骨抜きになった新しい教育基本法では、文科省が「教育振興基本計画」をつくって国民に周知させなければならないことになりました。今のところ、一番新しい計画

として二〇一三年に第二次基本計画がつくられましたが、そこでこれからの教育の基本的方向として四つ示しています。その一番目が「社会を生き抜く力」を育てることだとしています。「生き抜く力」といったらどんなことを思い浮かべますか。ふつうなら、どんなに厳しく困難で生き難い社会でも、自分だけは生き抜いて見せるとか、他の人を蹴落とし、踏み倒してでも、オレだけは生き抜くぞ、といった人間をイメージするのではありませんか。少なくとも、私は、そのような人間をイメージしますし、そう解釈します。今どき、こんな人間を育ててどうするのかと思います。「ダメ社会を生き抜く力」ではなく、「新しい社会をつくる力」こそ、育てるべきではないかと言いたくなります。もっとも、基本的方向の四つ目には「絆づくり」も挙げていますし、それを踏まえた成果目標の中には「互助・共助による活力あるコミュニティの形成」も入れていますから、文科省の中にも、社会力の重要性に気づいている人も何人かはいるということでしょう。

それにしても、今もってこれでは、文科省は本当に教育行政の統括官庁なのかと思います。文科省がこんなことでは子どもたちは救われません。

「善き生の実現能力（ケイパビリティ）」こそ育てるべき能力

では、これからの教育はどうしたらいいか、どういう方向を目指すべきか。私の考えはまったく新しい考え方だと思いますので、少し詳しく話すことにしましょう。

これから説明する「ケイパビリティ（Capability）」という言葉はアマルティア・セン（Amartya Sen）さんが、自分の本や論文で重要な用語として使っている言葉です。センさんは、インド出身の経済学者で、今はイギリスのケンブリッジ大学の教授をしていますが、一九九八年にノーベル経済学賞を受賞していることでも世界的に知られている先生です。この「ケイパビリティ」は日本では「潜在能力」と訳されています。しかし、私は、センさんが言わんとしているところを汲み取り、深読みして、独自に、「善き生の実現能力」という日本語の訳をつけて使っています。

私が、どうして「ケイパビリティ」を「善き生の実現能力」という日本語にしたかというと、まず、誰もが、自分なりの「善き生（well being、good life）」、あるいは幸福な人生を生きたいと思っていると考えているからです。この世に生まれた人は誰もが「こんな一生を送れたらいいいな」とか、「こんなふうに生きられたら幸せだろうな」と思って生きているはずですよね。そのために「こんな毎日を過ごしたいな」とか、「こんなことができたらいいいな」と思っている、そういう人生を自分で選べる能力、選択できる能力、自分が望む人生を実現できる能力、セン教授がいう「ケイパビリティ」とはそういう能力であると私は理解しています。だから、私は、「潜在能力」と訳すより、センさんが言わんとするところがよくわかるだろうと考え「〝善き生〟の実現能力」という日本語にしたわけです。そして、これからの教育で育てるべき能力はこの「善き生の実現能力」でなければならないと考えたわけです。

「ケイパビリティ」との出会いとセン教授への信頼

ついでに付け足しておけば、私が、この「ケイパビリティ」という言葉に出会ったのは、センさんの『不平等の再検討』（池本幸生他訳、岩波書店）という本を読んだときです。これからの教育をどうしたらいいかを考えていたときですが、これこそ、これからの教育を考えるに当たってキイワードになると直感しました。そして、「ケイパビリティ」を育てることで格差の問題も解決できるのではないかとも考えました。また、すべての子どもの「ケイパビリティ」を目一杯育ててあげることで、初めてすべての人たちに幸福な生涯を保障してあげることができるのではないかと考えたわけです。

なぜ、私がそこまで考えることができたかというと、センさんに対する信頼感があったからだと思います。どういう信頼感かというと、センさんは、①インドのベンガル州で生まれていますが、一〇歳のときにベンガル大飢饉を目の当たりにしていて、貧困層の人たち（カースト制度の最下層に位置付けられている人たち）の暮らしや苦しみぶりを自分の目で直接見るという体験をしていること、②個々人の能力差も含めて、生まれた国や今住んでいる地域、言葉や文化、そして自分が今使えるお金にも歴然とした差があるなど、様々なかたちで人間はきわめて多様であることをはっきり認識していること、③研究者として、かなり早い時期から「暮らしの質」（Quality of Life）について比較研究していたこと、④人間の不平等の実際は、所得や資産の多いか少ないかよりも、日々の暮らしの中身や質、例えば、家族と一緒に安心して過ごせる居場所があるかとか、安全な食べ物を毎食食べていられるかとか、心を休めることができる時間や楽しみがあるか、といった日常の暮らしの具体的な中身を見ることで初めてわかると考えていたこと、などを予め知っていたからです。こういう人が提案することなら信頼できると考えていましたし、その提案をしっかり受け止め、自分なりに考えていけば新しい教育や社会の展望が開けてくるだろうと考えたのです。

「善き生の実現能力」という能力

では、私が「善き生の実現能力（capability）」と訳している「ケイパビリティ」という言葉をセン教授はどういう意味で使っているのか、私なりに理解しているところを自分なりに整理して説明することにします。

まず大事なことは、不平等の問題を、セン教授は、このゼミの第六講で紹介したロールズ教授のように、人々の暮らしを左右する資産や所得などの基本財の問題ではなく、世界各地で暮らしている人々が実際どのように暮らしているか、その具体的な中身の問題として考えたことです。

セン教授はこの暮らしの中身のことを「機能（functioning）」と言います。人々の「暮らしぶりのよさ（well being）」を具体的に示す状態（例えば、健康である、適切な教育を受けている、安心して眠れる、など）や行動（例えば、十分な栄養を摂ることができる、雨風を防げる家に住むことができる、会いたい人のところに出かけることができる、など）のことと言っていいでしょう。このような日常生活を組み立てている様々な「機能」を新たに組み立て直して、よりよい暮らしを実現することができる能力、これをセン教授は「ケイパビリティ」なのだと説明しているのです。わかりますよね。ケイパビリティが大きくなるほど選択の幅が大きくなるわけで、行動の自由度も高まることになる。もし、逆に、この「善き生の実現能力」が備わってなかったり、小さかったとしたらどうなりますか。自分はこんな生活をしたいとか、こういう生涯を送りたいと思っていても、それを実現することはできませんよね。セン教授は、だから、社会をつくっているすべての人のケイパビリティを高めなければならないのだと言います。そうしなければ、不平等の問題を解決するための入り口のところで頓挫してしまいますよ、と言っているわけです。言っていることはきわめて明快ですよね。

このようなセン教授の考えや問題提起を受け止めて、私は、だから、これからの教育はすべての人の「ケイパビリティ」すなわち「善き生の実現能力」を育て、高めることを第一の目的にすべきだと考えたわけです。

「善き生の実現能力」の発揮を促し、助ける社会力

さらに付け加えれば、セン教授は、『合理的な愚か者』（大庭健他訳、勁草書房）という本で、すべての人々の善き生を実現するためには「共感」と「コミットメント」が必要だと言っています。「共感」とは、自分の利益や運命と直接関わりのないことでも、貧しい人たちの苦しみがわかるとか、事がうまくいかなかった人に同情するなど、他の人の悲しい気持や辛い気持が自分でもよくわかるということです。

また、「コミットメント」とは、誰かが困っている状況にあることを知ったとき、それを見過ごすわけにはいかず、自分にはさほど得になるとは思えないけれども、助け舟を出すことだと理解していいでしょう。そうだとしたら、コミットメントに当たる日本語は「肩入れすること」とも言えますし、自分の意志で手助けすること、援助してあげること、

と言ってもいいでしょう。

センン教授が、なぜ、ケイパビリティとか、共感とか、コミットメントといったことを不平等の問題を考えるときに、あるいは不平等の問題を解決しようとするときに重要になることだとしているのか。これも私が想像力を膨らませて考えているのは、自分なりの〝善き生〟を実現したいと考えているもの同士が、それぞれの善き生を実現するためには、互いに、互いの気持ちに共感し、それを実現させるために自主的に援助してあげることが必要だと考えたからだと思います。

こう説明すれば、だから、ケイパビリティを育て、高めると同時に、人と人のつながり、ひとり対ひとりのよき関係をつくること、すなわち「社会力」を育てることが大事なのだということがわかると思います。

Q　なるほど、これからの教育では「善き生の実現能力」を育て、高める必要があることは理解できたように思います。では、学校での教育でケイパビリティを育てることになったとして、そのための教育内容というか、カリキュラムとしてはどんな中身や経験などが含まれるのでしょうか。

ケイパビリティを育てる教育の内容と方法

これからの教育は善き生の実現能力を育てることに特化しなければならないとして、肝心の、教える内容はどんなことかということですね。そこまでは私もまだしっかり考えを煮詰めているわけではありません。今のところ、漠然と考えている程度ですが、おおまかに言えば、その国の「文化を伝える」ということになると思います。「文化」とは、文化人類学者の説明では、「生きる方法（Way of Life）」のことです。どういうことかといえば、その社会で生きていくために必要な様々な知識や技能のことです。例えば、食べることについては、何と何は食べられ、何と何は食べられないといった知識とか、どうすれば美味しく食べられるかを教える調理方法とか、どこに行けばどんな食べ物が手に入るといった情報とか、様々あります。同じように、住居について、衣服について、モノづくりや情報を交換する手段とか、生活のあらゆる領域にわたって生きていくために必要な様々なやり方や方法や知識がありますが、社会学や文化人類学では、それらをまとめて「文化（Culture）」と言います。言葉や決まり（規則や法律など）や美意識なども文化に含まれます。そんなことで、教育とは「文化の伝達である」と言う人もいますから、大きく括れば、「文化」すなわち「生きる術《すべ》や方法」が教育の内容になると思います。

参考になるアーミッシュの教育

もっと具体的に挙げれば、現在の学校教育で、「読み書き算盤」で代表される「基礎学力」と重なるのではないかと思います。両親や兄弟姉妹はじめ、学校の先生やご近所の人たち、様々な仕事をしている多くの人たちとコミュニケーションするためには、文字を書けるとか、言葉の意味を正確に理解できる能力は絶対に欠かせないことですね。また、物事を論理的に考える力とか、自然現象を理解できるとか、社会現象や歴史の流れや地図を正しく読めるとかも含まれると思います。細かく、これとあれというふうに列挙することはできませんが、よき社会人として生きていくために欠かせない事柄として考えていけば、おのずと限定され整理されるのではないかと思います。

また、善き生の実現能力を育てるために欠かせない体験としては、様々な人たちと直接会い、交わり、話し合うことや、同じ目的をもってそれを実現するために力を合わせて取り組む経験でしょう。そういう体験は社会力を育てる体験や経験と同じになりますから、教科の勉強以上に大事にしないといけなくなると思います。それらと重なる体験になるかもしれませんが、地域での様々な行事や共同作業に家族と一緒に参加することも重要な体験教育になるでしょう。それぞれの家で、動物の世話をするとか、作物づくりを手伝うとか、家の修理を手伝うという体験も大事になるでしょうね。

今の段階で、もう一つ考えているのは、第六講で紹介したアーミッシュの人たちの暮らしや学校教育の考え方や教育の仕方が参考になるのではないか（サラ・フィッシャー他、杉原利治他訳『アーミッシュの学校』論創社）ということです。

例えば、学校だけでなく地域を教育の場にするとか、異年齢集団でクラスをつくるとか、競争ではなく協力協働を原則にするとか、教職の免許を持っている人だけでなく、保護者も含めて地域の誰もが自由に教えてあげるとかです。地域の特性や歴史をしっかり教えることも大事な教育になるでしょう。そのような教育をやることで、アーミッシュの子どもたちが実際にそうであるように、友好的で、責任感があり、誠実で、相互互助と謙虚さに支えられた他者との緊密な人間関係を大切にする人間に育つことになれば、その社会で誰もが善き生をまっとうすることができるようになるのではないでしょうか。

急ぐべき「能力優先主義」原理から「優しさ優先主義」原理への転換

社会力を育てることで互恵的協働社会を実現する、というのが私が一貫して主張してきたことです。そのために、社会力を育てると同時に「善き生の実現能力」も育てる必要があるという話をしました。ここまで話をすると、もう一歩先まで話したくなるのであと少し話します。

近代公教育制度のもとでの教育は、第七講でやや詳しく話しましたが、ある年齢に達した子どもを全員学校に入れて、そこで同じことを一斉に教えて、競争させ、テストをし、成績のよい子とそうでない子を選別することを目的にした教育でした。

そのような教育を貫いている原理のようなものがあるとしたら、それは「メリトクラシー」と呼べるだろうと言ったのがイギリスの社会学者マイケル・ヤングさんだったことも話しました。繰り返しになりますが、メリトクラシーとは、「賞すべき価値、功績、手柄」と言った意味の Merit と、「何々を最優先する」という意味の接尾語である ocracy を合成してつくった新語であることも話しました。産業社会を発展させるためにどれだけ功績があったか、どれだけ手柄があったかで能力を評価し、選別することを教育の目的にしているのが、学校を中心とした近代公教育制度であると見抜いて、ヤングさんがつくった言葉でした。

そんなことで、わが国では、メリトクラシーを「能力主義」とか「能力優先主義」と訳しています。今、行われている教育は、子どもたちを競争させて、能力の差をチェックし、篩《ふるい》にかけて、選別することが原理になっているからです。

能力の差によって選別するこのような教育は互恵的協働社会には馴染みません。そこで、私がそれとは異なる原理にしましょうと提案しているのが「ディセントクラシー」です。Decency という英語の形容詞 Decent に ocracy をくっつけて私がつくった新語です。Decency という言葉は、優しいとか、人間として品があるとか、寛大であるとか、親切であるという意味ですから、ディセントクラシーを、私は日本語では「優しさ優先主義」としています。他人に優しい、思いやりがある、親切であることを最優先することを原理にした教育に切り替えましょう、というメッセージを込めてそう言っています。

競争して他者を蹴落として自分に有利なポジションに就くとか、権限や権力を活用して大きな利益を上げるといったことを優先するのではなく、他者を配慮し傷つけず、他者を助け、他者に助けられる関係をつくり、大事にすることを最優先するようにしましょう、という提案です。そういう教育を実践することで実現するのが互恵的協働社会だと私は考えています。

まだ日本語に訳されていないようですが、一九九八年にアメリカのハーバード大学から『The Decent Society』という題名の本が出版されています。まだ、最初の部分しか読んでいませんが、相手を侮辱するとか、威圧するとかで、心に傷を負わせるようなことはしない社会をつくりましょうという内容の本です。この本を私が翻訳するとしたら、題名は『心優しき社会』とか『互恵的協働社会』にしようと考えています。これからも同じようなことを提案する本が次々に出てくるような気がします。

第十講　社会力育てが、なぜ、人類社会を救うのか

終末期に入った近代産業社会

このゼミもいよいよ今回で最後になりました。最後ということで今回は、これからどうしたらいいか改めて考えてみることにしましょう。

このゼミを始めるときに話しましたが、わが国だけでなく、人類社会全体が、今、危機的状況に差しかかっています。世界の人口が急激に増加し、増加した六〇億人七〇億人もの人々が、豊かな暮らしを望んで大量の物資やエネルギーや食糧や水を消費したため、資源不足や食糧や水不足も進んでいます。石油などの化石燃料をこれまた大量に消費したため大気汚染が進み、地球の温暖化も進んでいます。温暖化のせいで砂漠化や海面上昇が進み、人類が利用できる地球の面積も少なくなって、食糧不足をさらに進めることにもなりました。こうして、様々なものが不足してきたため、資源や食糧や土地の奪い合いも進み、それが主な原因での紛争もあちこちで起こっています。なんとも殺伐とした状況になっているのが人類社会の現状と言っていいでしょう。それと並行するように、富める人と貧し

い人の間で様々な格差が拡がっています。そうしたことが底流になってのことと考えられますが、世界各地で、中間層以下の人たちが、現状への不満をぶち上げるように、金と力をもって社会を支配している人たちに反旗を翻したり、自分たちとは違うと思う人たちを排斥したり、無差別テロを仕掛けたりしています。

今世紀に入ってからだけでも、世界のあちこちでこれまで考えられないようなことがいろいろありましたね。二〇〇一年九月には、アメリカのニューヨークで飛行機が貿易センタービルに体当たりし、数千人が死ぬというテロがありました。二〇一五年も二〇一六年も、フランスのシャルリー・エブトという出版社をイスラム過激派が襲撃する事件がありましたし、イギリスが国民投票で欧州連合（ＥＵ）から離脱するという予想外のことがありました。そして、アメリカの大統領選挙では、これまた大方の予想に反して、政治にはまったく素人といっていいトランプさんという不動産王が選ばれました。ドイツのベルリンの中心部では、大型トラックがクリスマスの買い物に来ていた人たちの中に突っ込み、一二人を殺すというテロ事件がありました。イラク、トルコ、南スーダン、シリアなどでも市街戦や爆撃などの殺し合いが続いています。この世の中どうなっているんだと思うことが続いていますね。

こういう事態をどう見たらいいのか。私は、「近代」という時代を形づくってきた産業社会がいよいよ終末期に入った兆《きざ》し、あるいは徴《しるし》と見ています。不自然なことを、無理に無理を重ねてやってきたきわめて異常な社会がそんなに長く続くわけはないわけで、ここにきて様々に綻《ほころ》び始めてきたということです。

いずれこういうことになると見ていた人は私だけではありません。かなり多くの人たちが、かなり前からそう見ていました。例えば、日本を代表する神学者で東京神学大学の学長も務めた大木英夫さんという人は、一九七〇年、今から五〇年近く前に出した『終末論的考察』（中公叢書）という本で、「過去が足下に崩れ落ち、人類が自己のいのちの存続を求めて踏み出す未来の道は定かでない。混沌が世界史の地割れから噴出した。カオス（混沌）は神話的現実ではなく、現代の事実である」と書いています。

それからわずか二年後に出されたのが、最初の回でも紹介した『成長の限界』（大来佐武郎監訳、ダイヤモンド社）です。ローマ・クラブがまとめた人類の将来に対するこの警告書は、その年のうちに日本語に翻訳され出版されましたが、監訳者でありローマ・クラブの常任委員であり、また後に外務大臣を務めた大来佐武郎さんは、その本の中で、「ここ数年来、私がいろいろな機会に出席する国際会議において、このままの勢いで経済が成長し、資源が消費され、環境が汚染されていった場合に、はたして地球がいつまで人間の棲息を保証しうるだろうかという問題意識が急速に高まりつつあることを感じる」と書いています。

要するに、すでに五〇年近くも前に、いま私たちが直面しているこれまで予想もしていなかったような事態が続々と起こります、と予想していた人たちが、わが国だけでなく、世界各地に少なからずいたということです。

〝地救〟原理のすすめ

ローマ・クラブの警告に刺激されてのことと思いますが、その後も、多くの学者や文学者や劇作家やジャーナリストたちが、「これ以上、経済の成長を目指すのは止めましょう」、「地球に優しい生き方をしましょう」、「自らの意志で経済成長の山から下りることにしましょう」、「質素で豊かな暮らしを楽しみましょう」、といった提案をすることが増えてきました。例えば、「下山の思想」とか、「降りる思想」とか、「弱さの思想」とか、「スロー・ライフの勧めとか」、「ロハスな生き方」といった言葉を使って、経済成長という鎖《くさり》や楔《くさび》から自らを解き放ち、ゆったり、のんびり、気楽に、自由に、そして、物質的には質素に、精神的には豊かな生き方をしていきましょうという提案です。こういう提案や呼びかけをしている人たちを一人ひとり紹介するのはやめて、その中から一人だけ、〝地救原理〟をベースにした生き方を勧め、モノがなかった敗戦直後あたりから自らそのような生き方をしてきた、私が早くから教えを受け、尊敬している研究者でもある、慶応大学名誉教授の鈴木孝夫先生の考え方や生き方を紹介することにします。

鈴木先生は、慶応大学で言語社会学者として長年講義をされ、名著『ことばと文化』（岩波新書）をはじめ多くの本を書いておられ、最近は言語生態学者と呼ぶのが相応しいと自分でも認めているほどユニークで幅広い研究をされてきた先生です。その中から、今日、特に紹介したいのは『人にはどれだけの物が必要か──ミニマム生活のすすめ』（飛鳥新社、現在は中公文庫）という本です。先生は、その本に「（私たち夫婦は）、できるだけ物を買わず、捨てず、拾い、手をかけて直す、という生き方をしてきました」と書いています。そういう生活を何と七〇年以上も続けてきたというのですから、その徹底ぶりにまず驚かされます。そして、そういう生き方には良いことがいくつもあると言って、こうも書いています。

ゴミを捨てずにすむ。お金があまり要らなくなる。余分なお金を得るため無理して働かなくてよい。その結果、自分が本当にしたいことをする時間がたくさん生まれる。モノから目が離れ、他人が持っているモノや流行にまったく無関心でいられるから自分流の個性的な生き方を思う存分楽しめる。結果として、自分たちが生きるために消費する物質やエネルギーの総量を、きわめて小さなものに抑えることができる。といったことです。いいことずくめですね。こう考え、考えるだけでなく、実際にそうして生きてきたのですから、もう脱帽です。すごいでしょう。

そして、その間、道路などあちこちで、自分が見つけて拾ってきて修繕し、自宅で使ったり、学生に分けてあげたり、バザーに出したりしてきた物をリストアップしています。どんなものかというと、洗濯機や蒲団乾燥機などの電気器具、旅行カバンやハンドバッグなどの革製品、机や椅子やベビーベッドなど家具類、はしご、体温計、乳母車など家庭用雑貨、すき焼き鍋、鉄ビン、やかんなどの食器、洋服、レインコート、ワンピースなどの衣類、各種の箱や板など木製品などなど、その数、何と一一一品に及びます。リストを見るだけで圧倒されます。

その上で提唱するのが、地救原理の実践の勧めです。〝地救原理〟とは、文字通り、地球を救う原理のことです。「一定の限度以上の経済活動の発展や拡大を悪と見るような考え方」、「自分たち人間のことだけでなく、地球の全生態に与える影響を、すべての活動に際して考慮するという考え方」、これを「地救原理」と呼ぶことにした、というのです。自分で実際そういう生き方をしてきた先生の提案だけに説得力があります。

このような提案をする先生はこう断言します。「今の私の目には欧米先進諸国や日本の指導者たちが、地球の目をおおう惨状をよそに、さらなる技術革新、経済成長、そして消費の拡大を叫んでいる姿は、刻々と迫りくる大氷山の激突にも気づかず、歓楽に時を忘れ、束の間の虚像の幸福に酔い痴れていたタイタニック号の悲劇が重なって見える」（中公文庫版、二二六頁）と。続けて「人類は、一日も早く、目標を変え、進路変更しなければ、急速に破滅の坂道を転落していく他ない」（二二七頁）とも。

人類社会を救う日本人の感性

この本を書いてから二〇年後の二〇一四年に、先生は『日本の感性が世界を変える』（新潮選書）を書き下ろしています。そこで改めて地救原理の重要性を強調されていますが、それに加え、日本語と日本文化に特徴的な他者との対立を避け、共存を大切にする感性こそ、人類が互いに争わず、仲良く生きていくために重要である、と繰り返し強調していきます。そして、日本人の感性を身に付けるという意味で「タタミゼ（tatamiser）」という言葉がすでにフランス語として使われているとも書いています（五二頁）。だから、これからは、ヨーロッパやアメリカで当たり前になっている、理性や論理を重んじ、強く自己主張し、対立と対決を引き起こし勝ちな他者攻撃的な生き方に代えて、日本人の感性をベースに、対立を避け、分かち合い、譲り合いを大事にする共存共生の生き方を全世界に積極的に広めていくことが重要なのだと言います。そして、夏目漱石が一〇〇年前に行った講演「現代日本の開化」を踏まえてこう言っています。大事なことなので読んでみましょう。「私がここで重ねて指摘したいのは、現在の人類社会の物質的な長足の進歩は、気の遠くなるような膨大なエネルギーの消費に支えられているのだということです。そしてその背後には恐ろしいほどの大規模な森林破壊と土壌、大気、水の汚染、貴重な美しい動植物の大量絶滅を含む環境悪化にもとづく地球生態系の急激な崩壊が隠されているという、その事実から目をそらしてはならないということです。」（二三一頁）

このことも、何度も頭の中で繰り返し、しっかり自分のものにしないといけないことでしょう。残念なことですが、このような先生の主張や提案を理解し、支持する人はまだまだ少数です。しかし、さっき紹介したように、戦後直後から七〇年以上も地救原理に適う生き方を実際に行ってきた人が、現に、この日本にいることは是非知っておいてください。

拡がる効果的利他行動

鈴木先生の生き方や考え方を紹介してきましたが、私に言わせれば、これこそ利他的行動であり、社会力の豊かな人の生き方だということになります。しかし、誰もがそういう生き方ができるかといったら、そう簡単ではありませんよね。「だから仕方がない」と言ってしまっては身《み》も蓋《ふた》もなくなります。そこで、近年、外国で広まっているという「効果的な利他主義（effective altruism）」という考え方や行動について話しておきましょう。

効果的利他主義について紹介しているのは、ピーター・シンガー（Peter Singer）さんというオーストラリア出身の哲学者で、現在アメリカのプリンストン大学で教えている先生です。シンガー教授がそのことについて書いた本は「*The Most Good You Can Do*」という題名ですが、日本語訳は『あなたが世界のためにできるたったひとつのこと―〈効果的な利他主義〉のすすめ』（関美和訳、ＮＨＫ出版）となっています。英語のタイトルにしても日本語訳の題名にしても、これだけではどんな内容の本かわかりにくいですよね。シンガー教授が言う「効果的な利他主義者」がどんな人なのか、「効果的な利他的行動」がどんな行いなのか、なかなかわかりにくいのですが、全体をよく読んで内容を突き合わせてみると、おおよそ次のような人間であり、行いであることがわかってきます。

「効果的な利他主義者」と言える人は、聖人などではなく、普通の人であって、自分の家族や近所の知り合いの人たちだけでなく、広く地球上に生きているすべての人たちのことを考え、そういう人たちの暮らしを少しでもよくするために、世界をより良い場所にするために、〝自分ができるいいこと〟をできるだけ多くやってあげようと考えている人たちのことと言えます。

また、「効果的な利他行動」とは、他の人への一時的な同情や共感からではなく、自分の行いがどんな結果につながるかを、確かな証拠や根拠に基づいて理性的に判断し、もっともいい効果が期待できる事業や地域や個人に、自分がもっている資源（お金や資産など）のうち余分だと思う分を寄付する行為のこと、と理解していいと思います。

シンガー先生によれば、アメリカだけでもこのような寄付を受け入れる事業をやっている団体が一〇〇万もあって、毎年受け入れる寄付の額が何と二〇〇〇億ドルあるといいます。日本円にすると何と二〇兆円になりますからすごいですよね。

ここで私事を付け加えておくと、私ももう二〇年も前から、いくつかの団体にできるだけ寄付をするようにしてきました。障がい者の自立支援をしているＮＰＯ法人がありますが、その法人では正会員になって会費を払うだけでなく、新規の事業を始めるときにはできるだけ寄付をしてきました。そんなときは「金は天下の回りもの」と自分に言い聞かせ、だから、今自分の手元に余分のお金が残っていたら、それを自分のところにストックしておくのではなく、他の誰かに回して役に立ててもらうほうがいい、と考えてそうしてきました。そういう意味では、私も効果的利他主義者なのかもしれませんね。

脱線しました。話を元に戻しましょう。

シンガーさんによれば、自分ができるいいことをできるだけ多くやろうと考えて寄付する「効果的な利他主義者」の中心になっている人たちは、二一世紀の初めに大人になった人たちといいますから、現在三〇歳代後半の三五歳から四〇歳くらいの比較的若い年齢層の人たちということです。

社会力育てが積極的利他行動を促す

それに加えて、もっと大事なことは、この人たちが人間としてどんな個人的な特性をもっているかを調べてみると、①他の人に温かい気持ちを抱いたり、共感したり、心配するする傾向があること、②他者の辛い気持ちや悲しい思いを考えると、自分も同じような気持ちになって落ち着かなくなる傾向があること、③他の誰かの見方や考え方を素直に受け入れる傾向があること、④架空の人物の気持ちや行動を、想像力を使って追体験する傾向が強いこと、などがわかったと言います。

どうですか。このような傾向があるということは、ずばり言えば、「社会力がある」ということでしょう。最初の第一講で話したことを思い出してみてください。「社会力の豊かな人間の具体的イメージ」として挙げた一五の特性とほとんど重なっていることがわかるでしょう。

ということは、社会力をしっかり育てれば、誰もが効果的な利他主義者になれるということです。そうすれば、効果的な利他的行動をする人が増えるということにもなりますよね。

だから私は、自分の利益や自分の都合だけを考えるのではなく、自分の意志や判断で積極的に利他的行動をとることができる人間を育てること、言い換えれば、今こそ、社会力豊かな人間を育てる必要があるのです、と言い続けてきたわけです。

大分後になってしまいましたが、第八講で、私たちの回りに少なからずいる、他の人を妬《ねた》んだり、羨《うらや》んだり、僻《ひが》んだり、怨《うら》んだりする人たちのことをどう思ったらいいか、どう接したらいいかという質問に答えておきます。

単刀直入に言えば、そういう人のそういう気持ちや行いを気にせず、あるいは無視して、自分のほうからその人に対し積極的に利他的行為をし続けたらいい、ということです。そういう行いをやり続ければ、相手のほうも、私は本当に助けられていると思うだろうし、そのことがその人の中にある利他的本性を目覚めさせることになるだろうと思うからです。根っからの利己的な人間はいないと思うからです。あなたもシンガーさんのいう「効果的な利他主義者」になったらいいのではないですか。そうすれば、自分の人生をさらに豊かにすることができると思いますよ。

互恵的協働社会の実現に向けて舵を切る

ここまで話してくれれば、なぜ私が、社会力を育てることで互恵的協働社会をつくりましょうと言ってきたかだいぶ理解できたのではないかと思います。

しかし、残念なのは、わが国だけでなく、どこの国も、口を開けば、いまだに経済成長経済成長と言っています。こんなことを続けていけば、遠からず、どこの国も破滅するのがわかってはいるのだけれど、破滅するのだけは最後にしたいと〝最後に負けるための競争〟に狂奔しているのが各国の指導者だというのが、第六講でも話しましたが、これから四〇年後の世界を予測したランダースさんが紹介していたスイスの研究者・ワケナゲルさんの見方でした。何ともバカげた愚かなことです。

そういう近代産業社会というか、資本主義社会の愚かさを嘆き警告を発している経済学者は少なくありません。日本大学教授の水野和夫さんもその一人です。水野さんは、『資本主義の終焉と歴史の危機』（集英社新書）や『国貧論』（太田出版）という刺激的な本を出しています。そうした本の中で、水野さんは今になってなお経済成長などと言っているのは、「脱成長の時代に逆行する悪あがき」であると書いています。そして、「より速く、より遠く、より合理的に」をモットーにやってきた近代にケリをつけて、「よりゆっくり、より近く、より寛容に」という方向に向かわないと資本主義は終幕を迎えますよ、と厳しく警告しています。水野さんが勧める「よりゆっくり、より近く、より寛容に」という提案は、私が提案している互恵的協働社会の核心に通じるものです。時間的な余裕はもうないと言っていいでしょう。早く、互恵的協働社会の実現に向けて舵を切らないといけないということでしょう。

Q　このゼミに参加して、なぜ、今、社会力育てが大事なのかがよくわかるようになりました。これだけ大事なことなのに、どうして日本の教育は社会力育ての方向に行かないのでしょうか。

社会力理解を阻む経済成長信仰からの脱却

原因はいくつもあるのでしょうが、主因は二つと思います。一つ目は、文科省はじめ、保護者や教員たち、教育関係者の理解がまだまだだからでしょう。岩波新書で『子どもの社会力』（一九九九年）を出してから、私は、北は北海道から南は沖縄まで、秋田県を除いて全国各地に毎年四〇回ほど講演に出かけています。ですから、延べにしたら、少なく見積もっても五〇〇回以上は全国各地で講演していることになります。それに、社会力シリーズと呼ぶ人もいますが、社会力関係の本をすでに一〇冊出していますし、かなり多くの人に読まれています。そんなわけで、「社会力」についての理解は相当広がってきているという実感があります。しかし、如何せん、多勢に無勢といったところで、日本人全体としての理解はまだまだだからでしょう。

二つ目は、全国学力テストの結果に、四七都道府県すべての教育委員会も学校も教員も保護者も躍起になっているように、文科省の教育方針や教育施策が、いまだ学力の向上を至上目的にしているからでしょう。なぜ学力かといえば、国のレベルでは、経済成長を支える企業戦士や産業要員を育てたいからで、学ぶ子どもたちや学ばせる保護者たちからすれば、成績が良いと、良い就職先や良い仕事にありつけると固く信じているからだと思います。

ということで、国全体としては「社会力より学力」と考えている人が多いからだと思います。あと二〇年も三〇年も経って、経済成長路線がにっちもさっちもいかなくなったと認めざるを得なくなったときに、ようやく重い腰を上げることになるのではないかと見ています。

見えてきた変化の兆し

しかし、このところ、やや風向きが変わってきているのかなと思うことがあります。「二一世紀型学力」を言い出したり、ユネスコが提唱しているＥＳＤ（Education for

Sustainable Development の略。持続可能な発展のための教育）に向かい始めている傾向が出てきたからです。二一世紀型能力もＥＳＤも、説明されている内容を見ると、他人との関係を大事にするとか、異質なものを排除せず、多様性を尊重するとか、コミュニケーション能力を高めるといった内容になっていて、ほとんど社会力と同じ内容になっているのです。

先にも話したと思いますが、二〇二〇年から、こういう内容を中心にした学習指導要領をつくり、教育するのだと言っていますから、本気でそういう教育をやるとしたら、社会力育ての方向に近くなることになるのかなと思います。しかし、何のためにそのような教育をするのかと言うと、グローバル化が進む中での日本の生き残りのため、もっと言えば、〝最後に負けるための競争〟に向けての対策、という線がまだ色濃く残っているようですから、楽観はできません。しかし、どんな狙いであれ、社会力に近い能力を育てないと立ち行かないと考えるようになっているとしたら、一歩前進と言えるのではないかと思います。

ゼミの最後に

他にも質問があるのではないかと思いますが、このゼミもこんなところで、一応、幕引きとしましょう。一〇回お付き合いいただきありがとうございました。

私の大事な友人に筑紫哲也さんと、牟田悌三さんと、天野祐吉さんがいました。最近、つくづく三人のことを思い出します。どうしてかというと、三人とも、経済成長など止めて、あくせくせずに、ゆったりのんびり生きていこうよ、と言っていたからです。そのことを、筑紫さんは「スロー・ライフ」と言い、牟田さんは、今の時代、「一番足りないのが〝不足〟だ」と言い、天野さんは「成長から成熟へ」と言っていました。三人とももう亡くなっていますが、社会力への良き理解者でした。人を毛嫌いせず、障がいをもつ人も含め、いろんな人とよい関係をつくり、仲良くすれば、世の中こんなに楽しいことはないよ、と言っていました。言うだけでなく、そんな生き方をしていました。私も三人に倣って、同じことを繰り返し話したように思います。そんな三人でしたから、この本が出ることを喜んでくれるのではないかと思っています。

ですから、皆さんも、このゼミに参加したことを思い出しながら、本になって出版されたらもう一度丁寧に読んでください。そして、少しでも役に立つようなことがあったら、皆さんのこれからの人生に活かして、自分なりの〝善き生〟を実現するために役立ててください。

終わります。ありがとうございました。

あとがき

本書の冒頭でも少し触れたことですが、本書は茨城県の美浦村の教育長であったときに行った「美浦ゼミナール」をもとに書き下したものです。

実際のゼミナールは、二〇一三年度と二〇一四年度の二年間、夕食を終えた夜七時から九時までの二時間、村民を対象に、「社会力の時代を読む」と題して、併せて一〇回行いました。

受講者を募集するに当たっては、「保護者と一緒であれば、小学校五年生以上なら大丈夫です。ぜひどうぞ。」としたのですが、実際に参加したのは、私が筑波大学時代に指導した元学生を含む大人たちだけで、残念ながら、小学生と中学生は一人もいませんでした。内容を小学生でもわかるように易しくしたかったのですが、そうするのはなかなか難しく、成功したとはいえません。

しかし、説明の仕方は誰にもわかってもらえるよう、できるだけ易しくするよう心掛けたつもりです。本書で扱った内容自体は、私たちが抱えている難問、あるいは、教育学者はじめ研究者のほとんどがこれまで触れなかった問題、その意味ではタブーになっていた問題に相当に深く切り込んだものになっています。それだけに、理解するには、かなり高度な予備知識や理解力が必要な内容になっているとも言えます。そこのところを理解していただき、私の問題提起と、私の言わんとするところを、できるだけ先入観を捨てて理解していただければ、ありがたく思います。

本書が冨山房インターナショナルから、しかも私が、誰とも分け隔てなく優しく接しておられた人として、長く敬愛していた日野原重明さんのロングセラー、『十歳のきみへ―九十五歳のわたしから』と『明日をつくる十歳のきみへ―一〇三歳のわたしから』を出している出版社から刊行されることを大変嬉しく、また名誉にも思っております。坂本喜杏社長と新井正光編集主幹のご厚意に深く感謝しております。ありがとうございます。

本書の中でも触れましたが、ドーアさんの名著『学歴社会―新しい文明病』(訳書、一九七八年)を読んで以来、ドーアさんが出された難問「能力差を根拠に刻々と進む格差社会に、教育という営みは、果たして解決策を出すことができるか」という問題に答えを出すことを研究者としての私の研究の根底に据えて研究してきました。本書に辿り着く前に、私は、『子どもの社会力』(一九九九年)と『社会力を育てる』(二〇一〇年)の二冊の岩波新書はじめ、関連する本を一〇冊ほど出版してきました。その中の一冊、一六年前に出した『学校の社会力』(二〇〇二年、朝日選書)にはこう書いています。

「いまこそ、わが国の教育のあり方を抜本的に変え、子どもの教育を学校や教師任せにせず、私たち大人一人ひとりが、わが子のみならず、地域の子どもや若者たちと交わり行動を共にする機会をできるだけ多くし、そうすることによってまずもって『社会力を育てる』ことを教育の基本に据えるべきだと考えている」（二五三頁）。

なぜそうしないといけないのか。その後の一〇年余り、それに答える根拠を探すことに費やしてきたとも言えます。本書は、その難題に対する私の現時点での答えとなります。将来にわたって、長くそして多くの方々の共感と同意が得られることを願っています。

最後になりましたが、本書を、生前、考え方のおおもとが同じということで懇意にしていただいた、筑紫哲也さん、牟田悌三さん、天野祐吉さんの三人に捧げたいと思います。冥界で、三人が、鼎談で、この本の出来をあれこれ論じてくれることを期待しつつ。

つくば市の教育長として、再び、教育長を務めることになった新年の

二〇一八年一月二〇日　に記す。

筑波大学名誉教授（つくば市教育長）　門脇厚司

主な参考文献

門脇厚司『子供と若者の「異界」』東洋館出版社、一九九三年
門脇厚司『子どもの社会力』岩波新書、一九九九年
門脇厚司『社会力が危ない！』学習研究社、二〇〇一年
門脇厚司『学校の社会力』朝日選書、二〇〇二年
門脇厚司『親と子の社会力―チカラのある子どもの育て方と教育』朝日選書、二〇〇三年
門脇厚司『社会力と共生―他人と共に生きる子どもを育てる』創教出版、二〇〇四年
門脇厚司『社会力がよくわかる本―子どもに本当に必要な力は社会力だ！』学事出版、二〇〇五年
門脇厚司『社会力再興―つながる力で教育再建』学事出版、二〇〇六年
門脇厚司『社会力を育てる―新しい「学び」の構想』岩波新書、二〇一〇年
門脇厚司・佐高信『大人の条件―「社会力」を問う』岩波書店、二〇〇一年
門脇厚司・田島信元『大人になったピーター・パン―言語力と社会力』アートデイズ、二〇〇六年
長谷川寿一・長谷川真理子『進化と人間行動』東京大学出版会、二〇〇〇年
関一夫・長谷川寿一編『ソーシャルブレインズ―自己と他者を認知する脳』東京大学出版会、二〇〇九年

藤井直敬『つながる脳』ＮＴＴ出版、二〇〇九年
藤井直敬『ソーシャルブレインズ入門―〈社会脳〉って何だろう』講談社現代新書、二〇一〇年
千住淳『社会脳の発達』東京大学出版会、二〇一二年
千住淳『社会脳とは何か』新潮新書、二〇一三年
川人光男他『脳と社会―誤解を解き未来を読む』化学同人、二〇一〇年
苧阪直行『笑い脳―社会脳へのアプローチ』岩波書店、二〇一〇年
岡ノ谷一夫『「つながり」の進化生物学』朝日出版社、二〇一三年
下條信輔『まなざしの誕生―赤ちゃん学革命』新曜社、一九八八年
子安増生『心の理論―心を読む心の科学』岩波書店、二〇〇〇年
乾敏郎『脳科学からみる子どもの心の育ち』ミネルヴァ書房、二〇一三年
ピエール・ブルデュー、宮島喬訳『再生産―教育・社会・文化』藤原書店、一九九一年
宮島喬『文化的再生産の社会学』藤原書店、一九九四年
宮島喬・藤田英典編『文化と社会―差異化・構造化・再生産』有信堂高文社、一九九一年
バジル・バーンシュタイン、萩原元昭訳『言語社会化論』明治図書出版、一九八一年
ロナルド・ドーア、松居弘道訳『学歴社会―新しい文明病』岩波現代選書、一九七八年
佐田智子『新・身分社会―「学校」が連れてきた未来』太郎次郎社、一九八三年
袖井孝子『不平等社会』高文堂新書、一九七七年

橘木俊詔『日本の経済格差─所得と資産から考える』岩波新書、一九九八年
橘木俊詔『格差社会』岩波新書、二〇〇六年
橘木俊詔『日本の教育格差』岩波新書、二〇一〇年
橘木俊詔・迫田さやか『夫婦格差社会─二極化する結婚のかたち』中公新書、二〇一三年
橘木俊詔・参鍋篤司『世襲格差社会─機会は不平等なのか』中公選書、二〇一六年
橘木俊詔『遺伝か、能力か、環境か、努力か、運なのか』平凡社新書、二〇一七年
佐藤俊樹『不平等社会日本─さよなら総中流』中公新書、二〇〇〇年
刈谷剛彦『階層化日本と教育危機─不平等再生産から意欲格差社会へ』有信堂高文社、二〇〇一年
刈谷剛彦・志水宏吉編『学力の社会学─調査が示す学力の変化と学習の課題』岩波書店、二〇〇四年
刈谷剛彦『教育と平等─大衆教育社会はいかに生成したか』中公新書、二〇〇九年
刈谷剛彦『学力と階層』朝日新聞出版、二〇一二年
吉川徹『学歴社会のローカル・トラック─地方からの大学進学』世界思想社、二〇〇一年
吉川徹『学歴と格差・不平等─成熟する日本型学歴社会』東京大学出版会、二〇〇六年
吉川徹『学歴分断社会』ちくま新書、二〇〇九年
橋本健二『階級社会日本』青木書店、二〇〇一年
橋本健二『新・日本の階級社会』講談社現代新書、二〇一八年
小内透編『教育の不平等』日本図書センター、二〇〇九年

平沢和司『格差の社会学入門―学歴と階層から考える』北海道大学出版会、二〇一四年
三浦展『下流社会―新たな階層集団の出現』光文社新書、二〇〇五年
三浦展『格差が遺伝する！―子どもの下流化を防ぐには』宝島社新書、二〇〇七年
池田清彦編著『遺伝子「不平等」社会―人間の本性とはなにか』岩波書店、二〇〇六年
日本社会学会編『現代日本の階層構造・全4巻』東京大学出版会、一九九〇年
日本社会学会編『日本の階層システム・全6巻』東京大学出版会、二〇〇〇年
暉峻淑子『格差社会をこえて』岩波ブックレット、二〇〇五年
暉峻淑子『社会人の生き方』岩波新書、二〇一二年
梅根悟『世界教育史』講談社、一九五五年
田中節雄『近代公教育―装置と主体』社会評論社、一九九六年
森重雄・田中智志編著『〈近代教育〉の社会理論』勁草書房、二〇〇三年
柳治男『〈学級〉の歴史学―自明視された空間を疑う』講談社、二〇〇五年
マイケル・ヤング、窪田鎮夫他訳『メリトクラシー』至誠堂選書、一九八二年
木村元『学校の戦後史』岩波新書、二〇一五年
瀬川正仁『教育の豊かさ 学校のチカラ―分かち合いの教室へ』岩波書店、二〇一二年
林純次『残念な教員―学校教育の失敗学』光文社新書、二〇一五年
万里小路譲『学校化社会の迷走』書肆犀、二〇一六年

志水宏吉・高田一宏編著『学力政策の比較社会学［国内編］―全国学力テストは都道府県に何をもたらしたか』明石書店、二〇一二年
ロバート・D・パットナム、柴内康文訳『孤独なボウリング―米国コミュニティの崩壊と再生』柏書房、二〇〇六年
武田忠『学ぶ力をうばう教育―考えない学生がなぜ生まれるのか』新曜社、一九九八年
前川喜平・寺脇研『これからの日本、これからの教育』ちくま新書、二〇一七年
岡田尊司『脳内汚染』文春新書、二〇〇五年
岡田尊司『愛着崩壊―子どもを愛せない大人たち』角川選書、二〇一二年
池田智『アーミッシュの人びと―「従順」と「簡素」の文化』サイマル出版会、一九九五年
サラ・フィッシャー、レイチェル・ストール、杉原利治他訳『アーミッシュの学校』論創社、二〇〇四年
帚木蓬生『ネガティブ・ケイパビリティ―答えの出ない事態に耐える力』朝日新聞出版、二〇一七年
安藤寿康『遺伝マインド―遺伝子が織り成す行動と文化』有斐閣、二〇一一年
安藤寿康『遺伝子の不都合な真実―すべての能力は遺伝である』ちくま新書、二〇一二年
安藤寿康『日本人の9割が知らない遺伝の真実』SB新書、二〇一六年
柳澤嘉一郎『利他的な遺伝子―ヒトにモラルはあるか』筑摩選書、二〇一一年
内井惣七『ダーウィンの思想―人間と動物のあいだ』岩波新書、二〇〇九年

大山康弘『利他のすすめ―チョーク工場で学んだ幸せに生きる18の知恵』WAVE出版、二〇一一年
マイケル・トマセロ、橋彌和秀訳『ヒトはなぜ協力するのか』勁草書房、二〇一三年
テツオ・ナジタ、福井昌子他訳『相互扶助の経済―無尽講・報徳の民衆思想史』みすず書房、二〇一五年
ピーター・シンガー、関美和訳『あなたが世界のためにできるたったひとつのこと―〈効果的な利他主義〉のすすめ』NHK出版、二〇一五年
フランス・ドゥ・ヴァール、西田利貞他訳『利己的なサル、他人を思いやるサル―モラルはなぜ生まれたのか』草思社、一九九八年
フランス・ドゥ・ヴァール、柴田裕之訳『共感の時代へ―動物行動学が教えてくれること』紀伊國屋書店、二〇一〇年
フランス・ドゥ・ヴァール・柴田裕之訳『道徳性の起源―ボノボが教えてくれること』紀伊國屋書店、二〇一四年
ロビン・ダンバー、鍛原多惠子訳『人類進化の謎を解き明かす』インターシフト、二〇一六年
NHKスペシャル取材班『ヒューマン―なぜヒトは人間になれたのか』角川文庫、二〇一四年
山極寿一編『ヒトはどのようにしてつくられたか』岩波書店、二〇〇七年
尾本恵市『ヒトはいかにして生まれたか―遺伝と進化の人類学』講談社学術文庫、二〇一五年
松沢哲郎・長谷川寿一編『心の進化―人間性の起源をもとめて』岩波書店、二〇〇〇年

松沢哲郎『進化の隣人―ヒトとチンパンジー』岩波新書、二〇〇二年
松沢哲郎編『人間とは何か―チンパンジー研究から見えてきたこと』岩波書店、二〇一〇年
古市剛史『あなたはボノボそれともチンパンジー?―類人猿に学ぶ融和の処方箋』朝日新聞出版、二〇一三年
小原秀雄『現代ホモ・サピエンスの変貌』朝日選書、二〇〇〇年
デイヴィッド・プレマック、アン・プレマック、鈴木光太郎他訳『心の発生と進化―チンパンジー、赤ちゃん、ヒト』新曜社、二〇〇五年
ジョン・ロールズ、川本隆史他訳『正義論』紀伊國屋書店、改訂版二〇一〇年
川本隆史『ロールズ―正義の原理』講談社、一九九七年
デイヴィッド・ジョンストン、押村高他訳『正義はどう論じられてきたか―相互性の歴史的展開』みすず書房、二〇一五年
アマルティア・セン、大場健・川本隆史訳『合理的な愚か者』勁草書房、一九八九年
アマルティア・セン、池本幸生他訳『不平等の再検討―潜在能力と自由』岩波書店、一九九九年
F・アーンスト・シューマッハー、小島慶三他訳『スモール イズ ビューティフル―人間中心の経済学』講談社学術文庫、一九八六年
ダグラス・ラミス『経済成長がなければ私たちは豊かになれないのだろうか』平凡社ライブラリー、二〇〇四年

マーサ・C・ヌスバウム、小沢自然他訳『経済成長がすべてか？―デモクラシーが人文学を必要とする理由』岩波書店、二〇一三年
セルジュ・ラトゥーシュ、中野佳裕訳『経済成長なき社会発展は可能か？―〈脱成長〉と〈ポスト開発〉の経済学』作品社、二〇一〇年
中谷巌『資本主義はなぜ自壊したのか―「日本」再生への提言』集英社文庫、二〇一一年
藤原章生『資本主義の「終わりの始まり」』新潮選書、二〇一二年
佐和隆光『市場主義の終焉―日本経済をどうするのか』岩波新書、二〇〇〇年
井出英策『経済の時代の終焉』岩波書店、二〇一五年
井出英策『18歳からの格差論―日本に本当に必要なもの』東洋経済新報社、二〇一六年
アンドリュー・J・サター、中村紀子訳『経済成長神話の終わり―減成長と日本の希望』講談社現代新書、二〇一二年
神野直彦『希望の島への変革―分権型社会をつくる』NHKブックス、二〇〇一年
神野直彦『「分かち合い」の経済学』岩波新書、二〇一〇年
神野直彦『「人間国家」への改革―参加保障型の福祉社会をつくる』NHKブックス、二〇一五年
神野直彦・井出英策他『「分かち合い」社会の構想―連帯と共助のために』岩波書店、二〇一七年
広井良典『定常型社会―新しい「豊かさ」の構想』岩波新書、二〇〇一年
広井良典・橘木俊詔『脱「成長」戦略―新しい福祉国家へ』岩波書店、二〇一三年

広井良典『人口減少社会という希望─コミュニティ経済の生成と地球倫理』朝日選書、二〇一三年
広井良典『ポスト資本主義─科学・人間・社会の未来』岩波新書、二〇一五年
丹羽宇一郎『人類と地球の大問題─真の安全保障を考える』PHP新書、二〇一六年
山崎亮『コミュニティデザイン─人がつながるしくみをつくる』学芸出版社、二〇一一年
山崎亮『まちの幸福論─コミュニティデザインから考える』NHK出版、二〇一二年
山崎亮『コミュニティデザインの時代─自分たちで「まち」をつくる』中公新書、二〇一二年
藻谷浩介『里山資本主義─日本経済は「安心の原理」で動く』角川書店、二〇一三年
藻谷浩介『しなやかな日本列島のつくりかた』新潮社、二〇一四年
堤未果『ルポ　貧困大国アメリカ』岩波新書、二〇〇八年
堤未果『沈みゆく大国アメリカ』集英社新書、二〇一四年
水野和夫『資本主義の終焉と歴史の危機』集英社新書、二〇一四年
水野和夫『国貧論』太田出版、二〇一六年
ジョセフ・E・スティグリッツ、楡井浩一他訳『世界の99%を貧困にする経済』徳間書店、二〇一二年
堀切和雅『ゼロ成長の幸福論』角川書店、二〇〇一年
平川克美『経済成長という病』講談社現代新書、二〇〇九年
ドネラ・H・メドウズ、大来佐武郎監訳『成長の限界─ローマ・クラブ「人類の危機」レポート』ダイ

ヤモンド社、一九七二年
ミハイロ・メサロビッチ他、大来佐武郎他訳『転機に立つ人間社会―ローマ・クラブ第2レポート』ダイヤモンド社、一九七五年
ヨルゲン・ランダース、野中香方子訳『2052―今後40年のグローバル予測』日経BP社、二〇一三年
松久寛編著『縮小社会への道―原発も経済成長もいらない幸福な社会を目指して』日刊工業新聞社、二〇一二年
田中秀征『舵を切れ―質実国家への展望』朝日新聞社、一九九八年
加藤紘一『新しき日本のかたち』ダイヤモンド社、二〇〇五年
田中優子・辻信一『降りる思想』大月書店、二〇一二年
高橋源一郎・辻信一『弱さの思想―たそがれを抱きしめる』大月書店、二〇一四年
鈴木孝夫『ことばと文化』岩波新書、一九七三年
鈴木孝夫『人にはどれだけの物が必要か―ミニマム生活のすすめ』中公文庫、一九九九年
鈴木孝夫『しあわせ節電』文芸春秋、二〇一一年
鈴木孝夫『日本の感性が世界を変える―言語生態学的文明論』新潮選書、二〇一四年
鈴木孝夫・平田オリザ『下山の時代を生きる』平凡社新書、二〇一七年
平田オリザ『下り坂をそろそろと下る』講談社現代新書、二〇一六年
内山節『共同体の基礎理論―自然と人間の基層から』農文協、二〇一〇年

長谷川匡俊『支え合う社会に―宗教と福祉と教育と』高陵社書店、二〇一一年
中村哲・澤地久枝『人は愛するに足り、真心は信ずるに足る』岩波書店、二〇一〇年
佐高信『正言は反のごとし―二人の謙三』講談社文庫、一九九五年
佐高信『ひとりひとりのいのち、ひとりひとりの人生』七つ森書館、二〇〇五年
佐高信『原田正純の道―水俣病と闘い続けた医師の生涯』毎日新聞社、二〇一三年
加島祥造『エッセンシャル　タオ』講談社、二〇〇五年
加島祥造『老子と暮らす』光文社知恵の森文庫、二〇〇六年
加島祥造『私のタオ―優しさへの道』筑摩書房、二〇〇九年
牟田悌三『むた爺のつぶやき』文芸春秋、二〇〇五年
筑紫哲也『スローライフ―緩急自在のすすめ』岩波新書、二〇〇六年
天野祐吉『成長から成熟へ―さよなら経済大国』集英社新書、二〇一三年

門脇厚司（かどわき　あつし）
1940年、生まれ、山形県出身。1970年、東京教育大学大学院教育学研究科博士課程修了。専攻、教育社会学。筑波大学名誉教授。現在、つくば市教育長。
主な著書―『子供と若者の「異界」』（東洋館出版社）、『子どもの社会力』『社会力を育てる』（以上岩波新書）、『学校の社会力』『親と子の社会力』（以上朝日選書）、『社会力がよくわかる本』『社会力再興』（以上学事出版）など多数。

装幀／滝口裕子

社会力の時代へ
―互恵的協働社会の再現に向けて

二〇一八年四月二十七日　第一刷発行

著　者　門脇厚司
発行者　坂本喜杏
発行所　株式会社冨山房インターナショナル
東京都千代田区神田神保町一―三　〒一〇一－〇〇五一
電話〇三(三二九一)二五七八
URL: www.fuzambo-intl.com
印　刷　株式会社冨山房インターナショナル
製　本　加藤製本株式会社

ISBN978-4-86600-048-0 C0037